COLLECTION
FOLIO THÉÂTRE

Jacques Audiberti

Quoat-Quoat

Édition présentée, établie et annotée
par Nelly Labère
Maître de conférences à l'Université de Bordeaux

Gallimard

© Éditions Gallimard,
1948, pour Quoat-Quoat,
2014, pour la préface et le dossier.

PRÉFACE

> *Quoat-Quoat*, [c']est du théâtre éroti‑co-métaphysique qui commence comme du Feydeau ou du Labiche pour finir comme de l'Eschyle après un double bain de poésie et d'humour[1].

« ON N'ÉCHAPPE PAS AUX RUBRIQUES »

Cent ans de solitude

Né « à l'ultime limite de l'autre siècle[2] *», Jacques Audiberti a été chanté par Claude Nougaro, joué par Michel Piccoli et Suzanne Flon, admiré par ses*

---

1. Claude-Henri Leconte, « *Quoat-Quoat* (une tragédie-vaudeville) », dans *Le Nouveau Journal* (24 février 1968).
2. Audiberti ajoutera à ce propos « j'aime bien me souvenir et faire qu'on se souvienne que je suis de l'autre siècle » (*Entretiens avec Georges Charbonnier*, Gallimard, coll. « Blanche », 1965, p. 145).

contemporains et célébré comme un prolixe « trouble-fête » littéraire. Pourtant, au début du XXIe siècle, que reste-t-il de nos amours ?

Difficile pour l'histoire littéraire contemporaine de classer l'œuvre d'Audiberti : Cent ans de solitude[1] *est l'heureux emprunt de Jeanyves Guérin à Gabriel García Márquez pour en témoigner. C'est que l'écriture foisonnante, baroque, charnelle et prolixe d'Audiberti séduit autant qu'elle dérange par son absence d'inscription dans un cadre littéraire. Car le succès du* Mal court, *« chef-d'œuvre[2] » écrit en « état de transe[3] » en 1946 et entré au répertoire de la Comédie-Française en 2000, masque à peine la solitude relative dont souffre l'écrivain. « Parmi tant de pièces lues ou vues en tant d'années, j'ai trouvé quantité de faux Ionesco, ersatz de Beckett, imitation d'Anouilh, rien jamais qui tentât de ressembler à de l'Audiberti », commente le critique Jacques Lemarchand dans* Le Figaro littéraire *(4 mars 1968).*

Pourtant, « on n'échappe pas aux rubriques », note Audiberti à propos de Quoat-Quoat[4], *même s'il n'a de cesse de brouiller les frontières littéraires.*

---

1. Jeanyves Guérin, *Audiberti. Cent ans de solitude*, Champion, 1999.
2. Jeanyves Guérin dans sa préface à Jacques Audiberti, *Le mal court*, Gallimard, coll. « Folio théâtre », 1996, p. 29.
3. Jacques Audiberti, *Entretiens avec Georges Charbonnier*, Gallimard, coll. « Blanche », 1965, p. 104.
4. Jacques Audiberti, « Impressions d'audience d'un auteur joué à la Gaîté-Montparnasse », dans *Carrefour*, 21 février 1946 ; texte repris dans l'ouvrage de Gérard-Denis Farcy, *Les Théâtres d'Audiberti*, PUF, coll. « Littératures modernes », 1988, p. 284.

Qu'il s'agisse de proposer une version écrite puis scénique d'un roman[1], d'écrire des pièces pour la radio[2], d'inventer des nouvelles catégories comme celle de « parapsychocomédie[3] » ou d'écrire des poèmes qui deviennent des pièces de théâtre, l'expérimentation théâtrale va de pair avec l'expérience scénique. C'est en tout cas cette grande aventure du théâtre que raconte Quoat-Quoat :

> Je ne suis pas parvenu à me faire jouer. On m'a joué. Catherine Toth m'a dit : « Je monte *Quoat-Quoat*. » À cette époque, les aventures étaient peut-être plus faciles[4].

« Paris fut... »

1945 : Audiberti a quarante-six ans. Depuis le début de la guerre, il ne travaille plus comme journaliste pour Le petit Parisien[5] *mais poursuit son acti-*

---

1. Le canevas narratif de *Carnage*, roman de 1942, servira en effet à *La Hobereaute*, pièce jouée en 1957, et sera repris dans *Opéra parlé* (texte édité en 1956).
2. La création de *Cœur à cuir* en 1956 par Audiberti en est un exemple, comme *L'Armoire classique* et *Le Soldat Dioclès* en 1957, *La Guérite* en 1962, et *La Fourmi dans le corps* en 1968.
3. *L'Effet Glapion*, « parapsychocomédie », sera publié en 1959 chez Gallimard.
4. Jacques Audiberti, « Je suis venu au théâtre par la littérature », dans *Arts*, 29-30 juin 1959 ; texte dans G.-D. Farcy, *op. cit.*, pp. 303-304.
5. Il devient en 1941 chroniqueur à *Aujourd'hui* et critique de cinéma à *Comoedia*.

vité de poète[1] *et de romancier*[2]. *Avec sa femme et ses deux filles, il a passé la fin de la guerre à Antibes, sa ville natale, où l'a conduit le bombardement de son appartement parisien et la mort de son père. De retour à Paris, il s'installe pour un temps à l'hôtel Taranne qu'il avait déjà l'habitude de fréquenter*[3]. *Dans ce Paris presque libéré, le boulevard Saint-Germain qui invite comédiens et écrivains à l'enthousiasme d'un théâtre nouveau, est à deux pas. Il y fréquente le futur cinéaste Jacques Baratier, le dramaturge Arthur Adamov, le professeur Auguste Anglès et les peintres Hugo Cleis et Georges Annenkov. Mais plus décisive encore, dans ce début de carrière théâtrale qui se dessine, est la rencontre d'Audiberti avec Catherine Toth, une jeune comédienne de vingt-deux ans. Passionnée par la lecture de* Quoat-Quoat, *elle décide son fiancé André Reybaz à monter la pièce dans le cadre de la Compagnie du Myrmidon qu'ils viennent de créer*[4]. *La*

---

1. *Race des hommes* en 1937, *Des tonnes de semence* en 1941. Il obtient en 1938 le premier prix de poésie de l'Académie Mallarmé.
2. *Abraxas* en 1938, *Septième* en 1939, *Urujac* en 1941, *Carnage* en 1942, *Le Retour du divin* en 1943, *La Nâ* en 1944.
3. Audiberti a, en effet, l'habitude de ne jamais avoir « de domicile fixe à Paris » et aime vivre à l'hôtel (Georges Vitaly, *En toute vitalyté : 50 ans de théâtre*, Nizet, 1995, pp. 64-65).
4. André Reybaz dira à son propos dans ses mémoires : « Audiberti. [...] Ne lui était pas indifférent [...] une jeune mime de la troupe, Catherine Toth. Il la fleurissait de dessins. Quand j'allais chez elle nous marchions sur des tapis d'Audiberti. Catherine m'épousa. Cela marqua probablement les rapports de Jacques avec moi d'un ton d'orage sourd, de curiosité ambiguë » (André Reybaz, *Têtes d'affiche*, La Table ronde, 1975, p. 28).

Le « petit théâtre »

« Je me souviens des chaises de jardin dans la cabine du paquebot de Quoat-Quoat. *Cet ameublement de fortune — sans fortune — demeure à jamais soudé, pour moi, à la teneur de la pièce. De l'autre côté de la rue de la Gaîté, alors que, chaque soir, Catherine Toth se battait pour* Quoat-Quoat *contre un public de joyeux lurons, un cinéma donnait le* Dictateur[1] *»*, se rappelle Audiberti avec nostalgie, l'année de la parution du texte chez Gallimard. *Pas d'effets spectaculaires ni de réelle efficacité théâtrale pour ce texte conçu initialement comme un « texte dialogué » mais la pièce est bien accueillie par la critique. Le public restreint se compose de connaisseurs et d'étudiants. Mais Audiberti aime ce climat d'effervescence propre à la création. Il s'enthousiasme pour le « petit théâtre » où « le rideau se lève sur un décor que les acteurs ont sué de leurs propres mains[2] ». Car ces « pissotières de la Rive Gauche[3] », qui*

---

1. Jacques Audiberti, « Grands et petits théâtres », dans *Revue théâtrale*, n° 7, 1948 ; texte dans G.-D. Farcy, *op. cit.*, p. 295.
2. *Ibid.* Pour un aperçu de la vie théâtrale à la libération, voir Georges Vitaly, *En toute vitalyté, op. cit.*, pp. 52-54.
3. Expression utilisée par Albert Camus et reprise par Jeanyves Guérin, *Le Théâtre en France de 1914 à 1950*, Champion, 2007, p. 336.

s'élèvent à une vingtaine en 1945[1], *offrent aux auteurs audacieux et aux acteurs passionnés une réelle alternative face aux réticences des salles à s'ouvrir à une autre forme de théâtre, plus expérimentale. Après les années noires de l'occupation, c'est donc un vent nouveau qui souffle sur un théâtre qui se rêve le laboratoire des avant-gardes. Le « petit théâtre » accompagne ainsi la naissance du « nouveau théâtre » dont Audiberti, certainement malgré lui, devient le pionnier et le fer de lance*[2] :

> Avant tout je dois dire que je ne me sens pas impliqué dans un mouvement Ionesco-Beckett-Adamov, cela ne voulant pas dire que je ne les aime pas. Je suis venu au théâtre par la littérature, et plus particulièrement par la poésie.
>
> *Quoat-Quoat*, avant d'être une pièce de théâtre, fut un poème[3].

Aux antipodes de l'institution théâtrale sur laquelle s'appuie le théâtre d'idées jusque vers 1950, ce « nouveau théâtre » (ou « théâtre nouveau[4] *») mélange les*

---

1. On compte ainsi le théâtre des Noctambules, le théâtre de Poche, le théâtre de la Gaîté-Montparnasse, le théâtre de la Huchette, etc.
2. La critique le rapprochera souvent d'Adamov, de Beckett et de Ionesco. Malgré son refus de se voir classé dans ce « nouveau théâtre », il apportera son soutien public à Ionesco en 1952 pour *Les Chaises*.
3. Jacques Audiberti, « Je suis venu au théâtre par la littérature », dans *Arts*, 29-30 juin 1959 ; texte dans G.-D. Farcy, *op. cit.*, p. 304.
4. La question de la nouveauté doit aussi être entendue de façon plus large. Voir Jeanyves Guérin, *Art nouveau ou homme nouveau*, Champion, 2002.

genres dans une recherche des formes où l'expérimentation scénique contribue à une nouvelle conception de la scène. L'inventivité y est fondamentale pour pallier le manque de moyens ; des salles de quatre-vingts à trois cents places souvent clairsemées, des plateaux minuscules[1]*, des équipements techniques nuls, des directeurs désargentés*[2]*, pas de mise en scène spectaculaire, peu de décors pour soutenir la représentation : c'est la langage qui prime. Cette « révolution culturelle », selon les termes de Georges Vitaly, se fonde sur un théâtre en liberté où les metteurs en scène deviennent les « découvreurs » d'un « théâtre autre*[3] *» qui serait une alternative au théâtre sérieux de Camus, de Sartre et d'Anouilh : avec* Quoat-Quoat*, Audiberti « le premier*[4] *» invite au « nouveau théâtre ».*

---

1. Voir le croquis du plan de la scène de la Huchette par Georges Vitaly, « J'avais enfin douze m² pour rêver mon théâtre », *En toute vitalyté, op. cit.*, p. 66 *sqq.*
2. Voir le menu du 18 décembre 1948 du repas qu'Audiberti a partagé avec Vitaly et le croquis d'Audiberti au verso du menu, *ibid.* (pages d'illustrations).
3. *Ibid.*, pp. 15-16.
4. Nous reprenons le titre de Jeanyves Guérin dans *Le Théâtre en France de 1914 à 1950*, Honoré Champion, 2007, p. 408.

QUOAT-QUOAT : QU'ES AQUÒ ?

Un texte et ses trois versions

L'œuvre n'est au départ qu'un texte paru dans Le Livre des Lettres, *revue créée pendant la guerre et qui se terminera au cinquième numéro, celui-là même dans lequel publie Audiberti. Coup d'essai pour un auteur davantage tourné vers la chronique et la poésie (*L'Empire et la Trappe *et* Race des hommes*) que vers le théâtre. Pourtant, en 1936, Audiberti presque en amateur, lors de vacances en Lozère, s'était déjà consacré au genre théâtral, avec l'écriture de deux pièces,* L'Ampélour[1] *et* La Bête noire *qui, chacune, évoquent un mythe (Napoléon et la Bête du Gévaudan). Publié l'année suivante,* L'Ampélour *(« l'Empereur », en occitan), remportera le prix de la pièce en un acte, avant qu'en 1945, une autre pièce en « deux longs actes »,* Quoat-Quoat, *ne voie le jour. Ce texte, ainsi que ne manque pas de le rappeler sans relâche Audiberti, est un « poème » devenu théâtre.*

Mais que recouvre Quoat-Quoat ? *Le texte de 1945 publié dans la revue* Le Livre des Lettres ? *Le texte joué en 1946 par la Compagnie du Myrmidon ?*

---

1. *L'Ampélour* est publié dans la revue *Mesures* (n° 3, 15 juillet 1937, pp. 5-36). *La Bête noire* ne sera éditée que neuf années plus tard, en 1945 (Éditions des Quatre Vents), confirmant la nouvelle orientation d'Audiberti vers le théâtre.

Ou bien le texte de 1948 publié par Gallimard sur lequel se sont appuyées les mises en scène ultérieures ?

Un sujet complexe, une intrigue simple

Et que dire du sujet de la pièce ? Il est tout aussi difficilement définissable que le texte de Quoat-Quoat *lui-même*[1]. *Parabole, vaudeville métaphysique, rêve, délire, cauchemar, fantaisie poétique :* Quoat-Quoat *s'est vu attribuer les qualificatifs les plus divers. Mais c'est en terme d'« expérience » générique et humaine qu'Audiberti, sous les feux de la rampe, l'évoque d'ailleurs :*

> Pour le théâtre, et je me permets d'exposer mon expérience toute fraîche, une pièce est-elle faite aussitôt qu'on l'écrivit ou, seulement, dès qu'on la représenta ? Il m'advint d'écrire deux longs actes, *Quoat-Quoat*, où, une fois de plus, se trouve posée l'énigme de l'homme dans son rapport avec le reste, ce reste que certains appellent Dieu et dans quoi, de gré ou de force, existe l'homme.
> Ces deux actes, je les traçai sans songer au théâtre. Il m'avait été, cette fois, plus commode, plus naturel, ou qui sait quoi ? d'articuler en

---

1. Pour Georges Vitaly, premier metteur en scène de *Quoat-Quoat*, « le Capitaine incarne le Destin, sa fille l'ambiguïté de la Femme, et Amédée assume la fatalité de l'homme en souffrance » (propos retranscrits par Gilbert Guilleminault dans *L'Aurore*, le 22 février 1968).

dialogues la matière qui me venait à l'esprit. Or, le théâtre a bien voulu réclamer ce qui, par la forme, se réclamait de lui[1].

Les thèmes développés par Audiberti sont en effet la vie, la mort, le bien, le mal, la raison d'État.
Pourtant, l'intrigue de Quoat-Quoat *est assez simple : Amédée voyage à bord du* Mirmidon *en direction du Mexique. Il y est accueilli par le Capitaine en qualité d'archéologue, mais aussi d'agent secret, chargé par le gouvernement français de ramener le trésor de l'empereur Maximilien. Il retrouve sur le bateau Clarisse, la fille du Capitaine qu'il connaissait déjà et qu'il séduit. Mais le règlement du navire est strict : l'agent secret qui noue des « relations qui pourraient être interprétées par le Capitaine comme susceptibles de compromettre le secret de la mission dudit agent » doit être mis à mort. Le Gendarme, la Mexicaine et Madame Batrilant ne parviendront pas à infléchir le choix d'Amédée : il se doit d'accepter son destin.*

Six personnages en quête de metteur en scène

Cette comédie à six personnages[2] (Amédée, le Capitaine, Clarisse, le Gendarme, la Mexicaine,

---

1. Jacques Audiberti, « Auteur joué », dans *Paysage-Dimanche*, 13 janvier 1946 ; texte dans G.-D. Farcy, *op. cit.*, pp. 282-283.
2. Il faudrait aussi rajouter les douze gendarmes mentionnés par le Capitaine. Le « Gendarme » des didascalies est en réalité l'adjudant.

Madame Batrilant[1]) *où trois hommes et trois femmes se donnent la réplique, autorise une mise en scène simple et efficace.*

Ainsi, l'unité de temps et de lieu limite les changements de décor entre l'acte I et II :

> *Une cabine dans un paquebot second Empire. Boiseries blondes. Le disque bleuâtre du hublot répond au cercle blanc de la bouée de sauvetage sur laquelle on lit le nom du navire,* Mirmidon. *Un renflement de la boiserie dénonce l'épaisse présence du mât. Un portrait de Napoléon III figure en bonne place. Sur la place, il y a des livres, des instruments, une pioche* (début de l'acte I).

> *Toujours la cabine. Amédée joue aux cartes avec un gendarme. Parfois il se lève, nerveux. Le gendarme porte un grand bicorne. Il a un grand sabre dont la poignée lui sort des cuisses. Il a aussi de grandes moustaches et un baudrier blanc* (début de l'acte II).

Les personnages sont définis par des didascalies sommaires. Pour Amédée, « ardent, maladroit », *l'entrée en scène se fait par le lever de rideau et nous le montre dans la cabine, en train de défaire ses valises en chantonnant. Mais quelqu'un frappe. Et c'est le Capitaine qui entre,* « large casquette à coiffe blanche, favoris épais et pointus, grosse médaille

---

1. Dans l'ordre d'apparition des personnages.

au ruban bleu de ciel » *(p. 45)*. *D'emblée, il* « n'enlève pas sa casquette et s'exprime avec beaucoup d'onction », *se définissant comme le capitaine d'un bateau qui, s'il reste indissociable de sa fonction, conserve ses bonnes manières. C'est Mistigris, le chat de sa fille, qui annonce l'arrivée de sa maîtresse :* « Entre Clarisse, jeune fille, second Empire, mutine et virginale à souhait » *(p. 64)*. *Plus surprenante dans l'acte II sera l'arrivée, non pas féline de la Mexicaine, mais révolutionnaire :* « Entre la Mexicaine. Brune, vêtements légers, gorge très offerte. Elle tient devant elle un long pistolet. Elle en menace Amédée » *(p. 117)*. *Madame Batrilant, la Bordelaise représentante en spiritueux, viendra tenter de sauver Amédée et se fera le pendant de la Mexicaine*[1].

SOUS LE SOLEIL DE MEXICO...

On oublie tout...

« *On oublie tout, sous le soleil de Mexico* », *pourrait chanter Amédée, le personnage principal de*

---

1. L'une comme l'autre pouvant être les « adjuvants » et les « opposants » selon le modèle actantiel de Greimas repris et adapté par Gérard-Denis Farcy à *Quoat-Quoat* (G.-D. Farcy, *op. cit.*, pp. 155-156).

Quoat-Quoat *qui, faute d'avoir retenu le règlement absurde du bateau, risque de le payer de sa vie. Et le spectateur d'ajouter : et le Mexique lui-même ! Car il lui est bien difficile de discerner, au-delà de la simple mention factice, un véritable ancrage géographique à* Quoat-Quoat. *D'ailleurs, Audiberti ne raconte-t-il pas lui-même à Georges Charbonnier que c'est sur le fauteuil de sa dentiste qui lui racontait le voyage de son oncle au Mexique que lui est venue l'idée de ce voyage littéraire exotique ?*

> Je me rappelle, par exemple, que, dans un cabinet dentaire, le dentiste, qui était une dentiste, me parlait d'un sien oncle qui avait été au Mexique. De ces quelques mots « oncle », « Mexique », est née la pièce qui s'appelle *Quoat-Quoat*, qui fut la première de mes pièces. Ce cabinet dentaire, qui se situait rue de Rivoli, était tapissé de bois, de bois lisse, de bois blond, de bois clair, et ce bois lisse, blond et clair, m'a suggéré une cabine de navire. Donc, nous avons reçu « oncle », « Mexique », ensuite le bois clair de ce cabinet de dentiste, cabine de navire... C'est parti de là[1].

Qu'attendre donc de ce Mexique d'opérette dont Audiberti semble goûter la démesure mythique et l'exotisme baroque ? Peut-être justement un mélange paradoxal entre un Mexique de comédie et un Mexique

---
1. Jacques Audiberti, *Entretiens avec Georges Charbonnier*, op. cit., pp. 90-91.

de mythologie, un espace où l'homme n'accostera jamais parce que ce monde est révolu ou n'a même certainement jamais existé. Car le Mexique d'Audiberti est un Mexique rêvé, fantasmé, transfiguré mais jamais incarné, si ce n'est dans le personnage de la Mexicaine, n'ayant de cesse de répéter à l'infini une révolution qui, comme son étymologie l'indique, ne revient qu'à son point de départ.

La Malinche

Sensuelle et passionnée, la Mexicaine est un double possible de la Malinche, la célèbre indienne appelée Doña Marina[1], indienne et compagne de Hernán Cortés qui joua un rôle décisif dans la conquête du Mexique par les Espagnols. La Malinche est d'ailleurs évoquée par la Mexicaine :

> Quant Cortès a débarqué, c'est une femme, et ça aussi, c'est dans les livres, c'est une femme comme j'en suis une, et comment reconnaître une femme d'une autre ? c'est une femme qui lui a donné un petit bout de cette pierre, à Cortès, mais il y en avait assez pour faire du mal ou du bien, beaucoup de mal ou beaucoup de bien, et quand Cortès [...] a rencontré, aux Pyramides, l'armée des rouges, trois cent mille hommes qui avaient des arbalètes mécaniques

---

1. Autre nom de la Malinche revêtant une référence marine.

capables de lancer quinze flèches à la fois, il n'a eu, Cortès, qu'à élever la pierre dans sa main au soleil, et les rouges, miséricorde ! de proche en proche ils se sont cru que c'était Quoat-Quoat qui revenait de la mer et tout ce que leur a dit l'homme qui portait la pierre, ils l'ont fait. Ils ont mis feu à leurs flèches. Ils ont mis feu à leurs bibliothèques. Ils sont devenus du feuillage sec (p. 123).

Cette ambivalence ressort aussi des propos de la Mexicaine. Car « comment reconnaître une femme d'une autre[1] *» ?*

Si la Mexicaine est moins tournée vers 1519, date à laquelle Cortès arrive dans le Yucatán, que vers 1910, date de la révolution mexicaine qui chasse Porfirio Díaz, c'est qu'elle doit aussi accomplir le devenir de l'Histoire. La Mexicaine soutient ainsi avec ferveur la révolution mexicaine en marche, contre Benito Juárez[2]*, « fils de tante et perroquet mal rasé*[3] *» (p. 118), apportant son appui à l'obscur « colonel Mascaral, le plus généreux porteur d'éperons que jamais enfanta le melon d'une femme, [qui] se morfond dans les marécages du Nord avec une*

---

1. Et l'on connaît le goût d'Audiberti pour le jeu sur les doubles, en particulier dans les pièces dites historiques comme *Pucelle* et *Le Cavalier seul*.
2. Ce sont les partisans de Benito Juárez qui feront fusiller à Querétaro l'empereur Maximilien.
3. Benito Juárez (1806-1872) est un homme politique mexicain qui prit part à la révolution de Ayutla (guerre de la Réforme) avant d'être porté au pouvoir après une décennie marquée par les conflits et les interventions françaises. Il fut le premier président indien du Mexique.

trentaine de pouilleux, et, dans le portefeuille, pas même de quoi prendre tous ensemble le train pour Mexico ! S'il avait le trésor, Mascaral, ah ! la révolution, comme une figue, elle serait mûre, comme une figue » (pp. 119-120). *Pourtant, si la Mexicaine soutient la cause des Indiens, elle-même n'a « pas une seule goutte de sang rouge dans le corps » car elle descend « d'un compagnon de Cortès »* (pp. 125-126). *Le paradoxe*[1] *est de mise dans cet univers des ambivalences où l'Histoire prend la forme du mythe.*

Le Mexique : un *eldorado* littéraire

Dans cette pièce transhistorique marquée par le Second Empire, le Mexique confère à la navigation une portée biblique ; elle se mêle, dans un syncrétisme cher à l'Amérique latine et à Audiberti, aux mythes de création et questionne l'homme et ses croyances. Dans cette étrange traversée que propose Audiberti, le Mexique, terre d'exil, de promesses et de rêves, de trésors cachés et de dieux aztèques, est aussi un eldorado *littéraire.*

Dès les années 1920, les liens privilégiés qui se tissent entre la France et le Mexique fournissent en effet aux auteurs français un intérêt pour les civilisations préhispaniques — notamment les surréalistes

---

1. Le paradoxe est d'emblée de mise puisqu'on le rencontre à l'ouverture de la pièce : « N'entrez pas !... Entrez ! » est, en effet, la première réplique d'Amédée.

qui y lient leur espoir de révolution. Mais le Mexique d'Audiberti est aussi celui d'Antonin Artaud dans Les Tarahumaras[1]. *Si Audiberti ne reprend certes pas l'obsession mescalinienne d'Artaud, il partage une même inquiétude pour « l'homme enfermé dans l'homme, et qui en a plein le dos, et qui veut sortir, et qui hurle*[2] *». Car pour Audiberti, Artaud est non seulement l'auteur du « Théâtre de la Cruauté » (*Le Théâtre et son Double *est réimprimé en mai 1944) mais aussi sa principale victime consentante puisque* le mal court...

DES HOMMES ET DES DIEUX

Le dieu plume

*Affichant clairement son programme dans le titre de ses pièces (*L'Ampélour, Le mal court, Quoat-Quoat*), Audiberti joue à la fois des effets d'annonce et de suspens. Car qui est Quoat-Quoat ? Qui se cache derrière ce diminutif affectueux ?*

---

1. Les *Tarahumaras* est le récit initatique d'un voyage tout aussi expérimental qu'Antonin Artaud entreprend en 1936 au Mexique, à la rencontre des Tarahumaras, mangeurs de peyotl.
2. Audiberti assiste le 13 janvier 1947 à la conférence d'Artaud au théâtre du Vieux-Colombier. Il écrit à propos d'Artaud ces lignes dans la *Revue théâtrale* (n° 7, 1948, « Grands et petits théâtres » ; voir le texte dans G.-D. Farcy, *op. cit.*, p. 296).

*Dans cette mythographie audibertienne, émerge Quetzalcóatl, le dieu plume (*quetzalli, « *plume de grand prix* ») *et serpent (*cóatl*). Trois civilisations préhispaniques en ont fait leur dieu protecteur. Présent dès le* IIIe *siècle dans la civilisation de Teotihuacán, Quetzalcóatl désigne le dieu de la terre et de l'eau, divinité de la végétation. Plus tard, à l'époque toltèque (*X[e]-XIIe *siècle), Quetzalcóatl incarne l'étoile du matin et du soir, réglant la vie spirituelle de Tula, capitale des Toltèques, et présidant aux sacrifices*[1]. *Faisant suite aux Toltèques, les Aztèques (*XIVe-XVe *siècle) renouent avec la vision sacerdotale de Quetzalcóatl, et lui confèrent la paternité du livre, du calendrier et des artisans. Dieu protecteur des hommes à qui il donnerait naissance par son sang, Quetzalcóatl est pour Audiberti ce « soleil immobile oublié dans un lieu sauvage » (p. 78). Il rappelle d'emblée que le dieu est un dieu du sacrifice pour lequel « un improvisateur s'asseyait en face du dieu sur une escarpolette au-dessus d'un puits où brûlait un bûcher. S'il commettait la moindre faute en prosodie, les cordes de l'escarpolette étaient tranchées. Le malheureux dégringolait ». Il lui associe un temple, le temple de Quoat-Quoat, composé d'une « pyramide centrale », d'un « grand miroir de pierre glacée », de « colonnes royales » et d'une tête de dieu « rouge » (p. 80).*

---

1. Contrairement à ce que semble indiquer Audiberti dans *Quoat-Quoat*, Quetzalcóatl aurait seulement demandé le sacrifice d'animaux (et non d'humains).

Conformément au culte des Aztèques, Quetzalcóatl, est aussi le dieu de l'écriture, une écriture de « sauterelles » (p. 83), faite de pictogrammes, d'idéogrammes, de symboles phonétiques où trois éléments dominent : des personnages, des symboles (glyphes) et des signes qui relient les deux premiers. Dans un jeu métatextuel, Amédée se fait lecteur et exégète :

AMÉDÉE, *semble déchiffrer un texte devant lui.*

Les enlumineurs de carquois amèneront une fille de leur clan. Ils l'attacheront à un chien et à un cerf. Ils lui feront une croix... une croix... sur le cœur. Avec un brin d'herbe la bouche ils lui coudront... ils lui coudront. Ils tueront le cerf. Ils tueront le chien. Ils coucheront la fille sur le corps du cerf et sous le corps du chien... Le reste de l'inscription est effacé, mais qu'importe ! (pp. 83-84.)

Le Capitaine, quant à lui, se présente en double possible de Quetzalcóatl, dieu du savoir :

CLARISSE

Tu sais le juste nombre des brins de chanvre de chaque cordage. Tu sais les écailles du poisson et les muscles du matelot. Tu sais les poils du crabe, les cheveux de l'oursin.

LE CAPITAINE

J'en sais bien plus encore. Mais je suis bien

content que tu te souviennes de mon génie (pp. 100-101).

Il lui raconte à la fin du tableau second une parabole, un exemplum, *celui du matelot qui avait volé sa montre. Or, à la fin du récit, le Capitaine conclut : « Mais quel homme ! Baudelaire. Il s'appelait Baudelaire » (p. 139). La parabole se fait ici mythe littéraire et peut être étendue à la création tout entière.*

Une arche de Noé

Différentes espèces animales de la création peuplent la pièce, Quoat-Quoat lui-même serpent à plumes : « tapir », « jaguar » (p. 88), « écrevisses », « bouvreuil », « pinson » (p. 91), « coq » (p. 109), « fourmi » (p. 93). Même les « taraillettes » représentent des « chiens ou des coqs » (p. 148) et Mistigris le chat est un « vilain papillon de gouttière ! » (p. 65). Dans ce monde des illusions, il faut être sur ses gardes car « rien ne ressemble à une belle jeune fille davantage qu'un crocodile qui aurait une sale gueule » (p. 76). Ainsi, dans le tableau second, la Mexicaine dépeint Clarisse comme une « sangsue à tête de paille », « un singe pervers » aux mains comme « des puces à cinq pattes » (p. 120) ; le Capitaine comme un « vieux chien » (p. 124) ; et Amédée comme « un porc » (p. 133). Et quand il s'agit d'imaginer le réveil de Quoat-Quoat, le serpent à plumes, c'est pour transformer le navire « en serpent de fumée » (p. 124) et se sauver par la chaloupe protégée par « le signe de la sauterelle » (p. 125) ; Juarez est un « perroquet mal rasé » (p. 118) ; Amédée est un « âne » (p. 82) qui aime « une grue » (p. 104), et le père et sa fille sont « deux chevaux de sucre » (p. 98), alors qu'un « gendarme n'est pas un chien » (p. 115), et que « dans ces vieilles gens, dans ces idoles du passé, il y en a qu'elles ont gardé un chien surprenant » (p. 128). Comme pour couronner le tout, « c'est réglé comme le dos de la guêpe » (p. 121), même quand « les oiseaux, les poissons, et même des morceaux de bois volent en rond comme les chevaux dans un cirque » (p. 138) autour d'un bateau où le Capitaine, dont les favoris sont « comme deux longs serpents », dit « qu'il est un saumon » (p. 70). C'est d'ailleurs de façon prophétique qu'Amédée annonce les ténèbres par le règne animal :

> La nuit n'est pas achevée. La tortue de mer va sortir des eaux et des ténèbres. Elle porte un capuchon à aigrettes. Sa carapace blanche est bosselée de petites pyramides. La tortue va se précipiter sur notre coque et notre coque éclatera. Alors le Capitaine et les gendarmes auront à se défendre des scorpions qui batifolent entre les pyramides de la carapace (pp. 115-116).

Dans cette Arche de Noé qu'est le bateau, la traversée fait des hommes ce qu'ils sont : des animaux.

L'écrivain-Circé a transformé les hommes en porcs, « les femmes, par vos soins, deviennent des chiennes enragées, des vipères » *(p. 57)* et Dieu se métamorphose en serpent à plumes. Et si la mer « se jette à la mort » *(p. 134)*, c'est que l'amour n'est pas le plus fort dans ce monde privé de mère et où le Père triomphe.

Ecce homo

« *Squelette calcaire. Deux oreilles. Six mètres d'intestin. Le cœur. Le heuheuheuheu. Le hihihihi. N'omettons pas les genoux. Le petit orteil. Riquiqui !* » *(p. 100)*. Voilà comment Audiberti décrit l'humanité. Et d'ajouter : « *Ça souffre beaucoup, les hommes. Ça souffre de vivre. Ça souffre de mourir* » *(p. 158)*. Si l'humanité est synonyme chez Audiberti de souffrance, c'est qu'à l'origine se trouvent la pomme et le serpent.

C'est pourquoi le serpent des favoris du père veille sur la pomme : Amédée et Clarisse ont « *eu tout juste le temps de cueillir une fleur de pommier* » *(p. 75)*. Mais dans Quoat-Quoat, les symboles bibliques de la pomme et du serpent se métamorphosent en regard du mythe des origines aztèques. Car le serpent, loin d'être tentateur, devient l'interdit : Clarisse ne pourra pas s'unir à Amédée en raison du « *paragraphe cent cinquante-quatre des instructions générales pour la navigation au long cours* » *(p. 48)*. La pomme du désir et de la connaissance restera prisonnière de la *coquille de noix du Capitaine, devenant une « vieille pomme en nougat blanc », éternellement fiancée à celui qui lui réclame incestueusement un bécot, son père. Cette scène de tentation sera rejouée sur le mode majeur par la Mexicaine et le Capitaine :*

LA MEXICAINE

Et tu m'appelais la fleur du Mexique ! Une fleur, ça se cueille ! Attendre ne vaut rien. Je sens dans mes globes le dur de tes boutons de cuivre. J'aurai tes ancres gravées sur moi, Capitaine. À de telles traces on reconnaît les femmes atteintes du mal de mer, du mal d'aimer les hommes de la mer (p. 131).

Mais le Capitaine fait « carême » (p. 132) et préfère s'occuper de ses étoiles et de son sextant, disant tout à la fois la posture de la fin'amor *de l'amant platonique et la version grivoise phonique du « sexe-tend », renvoyant la Mexicaine qui a un « faible pour le poil gris » vers « les types qui [...] connaissent le langage des rats... le dialecte des chattes » (p. 132). De fait, si Amédée est « le seul homme à bord, [...] le seul qui soit jeune, brillant, disponible » (p. 59), il ne pourra pas réaliser le programme sentimental dont il semblait initialement porteur et, même s'il avait voulu s'évader du bateau — à savoir s'en « aller de l'univers de Dieu... » (p. 137) — il se doit d'accepter l'arbitraire du jugement et de la punition (pp. 138-139). Le sacrifice d'Amédée, littéralement celui qui est « aimé de Dieu », est inéluctable puisqu'il vogue sur une croix (le bateau est « un bras de bois cloué en travers » des mâts, p. 124) et Clarisse, comme le nom de l'ordre créé à la demande de François d'Assise, devra rester dans l'ordre de Dieu le Père.*

Le bouquet final du feu d'artifice sera offert par le Capitaine pour la fête de sa fille : il s'apprête à pulvériser le bateau avec la pierre magique de la Mexicaine. Le spectateur, invité à se cramponner, verra le rideau se fermer sur l'évocation de l'explosion finale. Le théâtre « en miettes » ne le sera qu'à l'issue de la représentation. Restera seulement l'assurance que c'est au spectateur que revient le pouvoir de changer ce monde avant qu'il n'explose totalement, puisque « les miracles ne se produisent que par l'entremise des hommes ». Quant à l'existence de Dieu, c'est dans un aveu en forme de boutade où règne l'équivoque que le Capitaine révèle son existence : « Et rien ne peut m'atteindre puisque c'est moi le... Ah ! bon Dieu ! » (p. 157) ainsi que l'équivalence monde-navire : « Monsieur, un navire est un monde » (p. 52). Car c'est que le navire-monde est un (im)-monde qui mène en bateau personnages et spectateurs.

LE STYLE MOYEN DU BORD

Une explosion du langage

Peu de didascalies, des monologues mais pas d'apartés, quelques éloquentes tirades rhétoriques et lyriques mais qui s'intègrent dans un ensemble parfois paratactique, à la syntaxe insolite, cherchant dans tous les registres les moyens de ses effets : voilà le style de Quoat-Quoat ! *Même le « style administratif » qui se veut « simple, condensé, limpide », ne « parvient qu'à être obscur » (p. 49).*

Car les ruptures stylistiques et syntaxiques s'imposent : « Avec un brin d'herbe la bouche ils lui coudront... » (p. 83). Les points de suspension s'accumulent : « Oui, bien sûr... Oui, naturellement, je comprends... Mais, n'est-ce pas ? comment dirai-je... Ah ! si l'on pouvait, bien entendu, je... Moi, pour ma part, à tout prendre... Je vous l'ai dit et redit... Si... Enfin, bref... Demain, pan ! pan !... », (p. 93) avant que le langage s'effrite et perde sa structure verbale : « Parce que, demain matin, quatre heures, vous, froid » (p. 92). Le tableau premier se conclut d'ailleurs sur la jonction de ces éléments dans une explosion syntaxique et sémantique qui appelle l'explosion réelle de la fin du tableau second — preuve s'il en est de la force du langage chez Audiberti :

LE CAPITAINE

Mais, foutue bougresse ! personne ici ne peut mourir... ma petite Clarisse... toutou adoré... toi, mourir... personne ici ne peut mourir sans que j'aie consenti (p. 104).

Et quand l'homogénéité existe (comme au début du tableau premier), ce n'est que pour accentuer avec ironie son caractère décalé : « Tout m'enchante. J'envisagerais sans déplaisir de passer toute ma vie dans cette cabine si pimpante » (p. 46). Les marques d'affection d'un père à sa fille sont formulées dans un « vous » de politesse mais visent pourtant le registre du bas corporel : « Je vous écoute, ma crotte » (p. 100). Le gendarme traite Amédée de « résidu » (p. 115). La Mexicaine menace Amédée de le transformer en « caca de chien » (p. 117). Le scatologique enfantin s'accorde aux insultes imagées : « saligaud » (p. 141), « fichu clampin » (p. 153), « Elle pue à quinze pas l'absinthe truquée » (p. 152). Les onomatopées abondent, signe d'un langage désarticulé qui ne parvient pas à trouver sa syntaxe propre, son ordre interne : « ... Brro... Brro... Brro... Ah ! Nous y sommes... » (p. 48).

Les incorrections « Fermez-la bien » pour « Enfermez-la bien » (p. 133), « C'est le coffre à Maximilien » (p. 86) sont licites ; les formes populaires abondent : « Et je te fouille... Et je te tripote... » (p. 151) et s'associent aux créations lexicales : « te canonnera le robinson baveux » *(p. 133)*, « *je vous patafiole* » *(p. 119). Elles créent un hiatus avec une syntaxe parfois complexe (« Considérez cependant que votre délit n'était concevable qu'autant que vous le commettiez comme agent secret », p. 151) ou avec les temps verbaux simples de la narration (« Vous m'en avisâtes, et je répondis. […] Nous avons vécu, tous les trois, trop de joyeuses journées pour que je me fasse un monde de vos passés définis. Je leur oppose résolument notre passé simple, si simple, si confiant », pp. 66-67). La section de texte rajoutée dans l'édition de 1948 (voir ci-après) creuse particulièrement ces écarts, comme avec « Ce que tu es, ce que tu as, c'est à bibi que tu le dois » dont le rythme 4 / 4 / 4 / 4 / met en exergue le « bibi » qui remplace le « moi » dans une sentence paternelle. Mais les exemples sont rares car les personnages peinent à comprendre — le monde est déjà suffisamment complexe : pourquoi le rendre encore plus complexe avec les phrases complexes, semble indiquer Audiberti ?*

La langue de Babel

CLARISSE

Je vous demandais : « Qu'allez-vous chercher ? » C'est du langage direct. Enfin, c'est du français ! Au Mexique, vous allez chercher quoi ? (p. 72).

Cette ironie du langage passe encore par les sociolectes et les idiolectes, marqueurs des personnages. Le « couillon » (p. 111) et les « couillonnades » (p. 106) signalent que le Gendarme est originaire du Sud-Ouest ; Madame Batrilant exerce à Bordeaux mais emploie un terme de provençal (les « taraillettes », p. 148) ; la Mexicaine fait preuve d'exotisme avec « fousille » (p. 126), décalque graphique de l'accent mexicain, et utilise des mots espagnols « chaparral » (p. 87), « nuestro santo », « bobo » (pp. 118-119), « caramba ! » (p. 122), « bueno ! » (p. 124) ou inventés par Audiberti pour « faire mexicain » comme « jolito » créé par suffixation (p. 118) ou « segnorita » (p. 133) dont la graphie est inexacte, se rapprochant davantage de l'italien dans la version de 1945. Dans ce langage fragmenté, dans cet empire de Babel où les personnages ne parviennent pas à communiquer, c'est la redite qui marque le style de Quoat-Quoat.

Le bégaiement du monde

Insistant en effet sur la répétition et le piétinement de l'action, la redite souligne chez Audiberti l'incommunicabilité des êtres qui se font écho sans jamais pourtant parler de la même réalité :

LE CAPITAINE

[…] Je suis bon ! Je te dis que je suis bon !

CLARISSE

Bon !

LE CAPITAINE

Si je n'étais pas bon, péronnelle de mes rotules ! je ne serais pas là ! […]

CLARISSE

Si tu n'étais pas là…

LE CAPITAINE

Vous ! Si vous n'étiez pas là…

CLARISSE

Si vous n'étiez pas là […] (p. 99).

La variation participe encore d'un comique de l'équivoque assumé par les personnages dans des références boulevardières :

Pas de favoritisme, messieurs les favoris ! (p. 96).
Tout le temps vivre, à la longue c'est mortel (p. 127).

Elle structure enfin le texte en offrant un tissage, comme avec « Nous sommes au-delà de l'ombre que fait la main catholique du bon Dieu » chez Amédée (p. 81) qui revient un peu plus loin, à une variante près, dans la bouche de Clarisse (p. 82)[1]*. Pourtant, la variation ne ramène toujours qu'au même : « Nous avons louvoyé, caboté, lambiné. Maintenant nous arrivons » (p. 100).*

Un langage théâtral

La danse — celle de Clarisse (p. 84), celle de Madame Batrilant et du Capitaine autour d'Amédée (p. 148) et la lutte dansante (p. 141) — constituent des intermèdes riches en potentialités scéniques, soulageant le spectateur d'un langage souvent à triple entente. Un chant grivois assure une rupture tonale et accentue le comique par son interprète (un homme, le Capitaine, chante la partition féminine) :

> Mon joli cavalier, j'aime tant voir briller — votre lance. — Vers sa flamme de loin — hors de mon petit coin — je m'élance. — Préparez-vous à tourbillonner (p. 58).

D'autres comiques de la scène sont à l'œuvre, comme les personnages qui en imitent d'autres : le Capitaine contrefait Amédée en train de lui demander la main de sa fille (p. 103), le Gendarme et Amédée échangent leur rôle (p. 113) autour de la référence à Condillac (philosophe du XVIIIe siècle) et Condillac

---

1. Dans la bouche de Clarisse, notons que Dieu n'est plus « bon ».

(localité de Haute-Garonne) en intervertissant les couvre-chefs :

> « Il se saisit du chapeau du gendarme et s'en coiffe... la tête du gendarme apparaît chauve avec une belle frisure » (p. 110).

La part des répliques métathéâtrales est importante dans une œuvre pourtant initialement non destinée à la scène. « Respirez... La phrase part pour être longue. Respirez... », conseille Clarisse à Amédée (p. 76) ; le Gendarme répond aux divagations métaphysiques d'Amédée en ouverture du tableau second par : « Je ne suis pas en humeur d'encaisser des couillonnades grosses comme ma cuisse » (p. 106).

Pourtant si la syntaxe est malmenée parfois par Audiberti, si le texte devient un jeu au sens théâtral du terme, les mots n'en perdent pas leur force expressive, bien au contraire : « Je suis pris dans le mot "prisonnier" » (p. 116) note Amédée ; en ajoutant : « Et il convient que la prison soit réelle pour que le langage ait un sens ».

C'est en ce sens qu'il faudra entendre la déclaration d'Audiberti à Georges Charbonnier :

> Et pour soulever un petit problème personnel — si vous me le permettez — je profiterai de l'occasion pour dire que je ne comprends pas pourquoi on me taxe sans cesse d'"intempérance verbale", voire de "logomachie", alors que quand j'écris, je n'ai vraiment d'autre soin et

d'autre souci que d'employer les mots les plus exacts, en m'efforçant de les faire coïncider avec ce que je peux avoir de pensée[1].

« Je sais quand un mot est là pour la forme et quand au contraire il correspond au réel », revendique Audiberti dans Quoat-Quoat *(p. 143). C'est peut-être cette dure exigence et cette évidente simplicité qui font d'Audiberti un « cavalier seul » de la littérature du XXe siècle et qui nous invitent à rééditer en « Folio théâtre »* Quoat-Quoat, *pièce de théâtre parue chez Gallimard, en 1948, dans la collection « Blanche ». Le geste est loin d'être anecdotique… Il engage la volonté d'un éditeur, la vitalité d'un auteur et la ténacité de ses lecteurs*[2].

Si Quoat-Quoat *est bien ce « ballon d'oxygène dans l'air des littératures raréfié par la guerre*[3] *», il est plus encore. Une expérience de mots faite théâtre.*

NELLY LABÈRE

1. Jacques Audiberti, *Entretiens avec Georges Charbonnier, op. cit.*, p. 85.
2. Remercions-les, conjointement, pour la force de leurs convictions. Mes remerciements vont également à Marie-Louise Audiberti et à Claude Lehmann, dont la fidélité et l'engagement dépassent ce que la simple note de bas de page pourrait signaler, ainsi qu'à Jeanyves Guérin pour sa bienveillance et pour sa générosité à faire partager son immense savoir sur Audiberti. Cet avant-propos entend aussi rendre hommage à Josiane Fournier, partie avant d'avoir pu feuilleter ce volume, ainsi qu'à tous ceux qui, par leur enthousiasme, contribuent à perpétuer la mémoire du « fils du maçon ». Que ce livre soit dédié à mes parents, qui m'ont transmis la force des engagements.
3. Pierre Kyria, « Au théâtre La Bruyère, *Quoat-Quoat*. Une superbe fête des mots », *Combat* (22 février 1968).

Quoat-Quoat

Pièce en deux tableaux

À Catherine Toth[1]

À la première représentation, qui eut lieu le 28 janvier 1946 au théâtre de la Gaîté-Montparnasse, les rôles étaient attribués de la manière suivante :

AMÉDÉE	M. André Reybaz.
LE CAPITAINE	M. André Valmy.
LE GENDARME	M. Yves Péneau.
CLARISSE	Mme Catherine Toth.
MADAME BATRILANT	Mme Florence Brière.
LA MEXICAINE	Mlle Pauline Brémont.

TABLEAU PREMIER

Une cabine dans un paquebot second Empire. Boiseries blondes. Le disque bleuâtre du hublot répond au cercle blanc de la bouée de sauvetage sur laquelle on lit le nom du navire, Mirmidon[1]. Un renflement de la boiserie dénonce l'épaisse présence du mât. Un portrait de Napoléon III[2] figure en bonne place. Sur la table, il y a des livres, des instruments, une pioche.

Au lever du rideau, un jeune homme (Amédée) dans la cabine, défait ses valises. Ardent, maladroit, il chantonne.

On frappe...

AMÉDÉE

N'entrez pas !... Entrez !

Entre le Capitaine, large casquette à coiffe blanche, favoris épais et pointus, grosse médaille au ruban bleu de ciel.

AMÉDÉE

Je vous en prie... Capitaine... Je vous en prie... Asseyez-vous.

LE CAPITAINE *n'enlève pas sa casquette et s'exprime avec beaucoup d'onction.*

Cher Monsieur, je me suis permis de venir vous présenter mes devoirs. Êtes-vous bien installé ? Nous avons fait de notre mieux.

AMÉDÉE

Je suis très bien. Tout m'enchante. J'envisagerais sans déplaisir de passer toute ma vie dans cette cabine si pimpante.

LE CAPITAINE

C'est votre première traversée ?

AMÉDÉE

C'est ma première traversée. Je suis archéologue. Je me rends au Mexique où je dois procéder à des recherches scientifiques, à des fouilles...

LE CAPITAINE

Cher Monsieur, je fus officiellement informé de la nature exacte de votre mission. Vous vous rendez au Mexique en qualité d'agent secret du gouvernement français. Vous êtes chargé de récupérer l'ensemble des valeurs connues sous le nom de trésor de Maximilien[1]. Avant de périr, l'infortuné Maximilien parvint à dissimuler le coffre qui contient ce trésor, à peu près dix millions, chiffre rond, où les subventions du gouvernement français figurent pour une part considérable. L'entreprise où vous vous engagez est hardie. Vous aurez à vaincre, non seulement la méfiance des autorités, l'hostilité de la population, mais encore la sauvagerie du climat, l'aridité des sites. Votre courage honore notre pays tout entier. Laissez-moi vous serrer la main.

AMÉDÉE

L'estime d'un homme tel que vous, Capitaine, m'est infiniment précieuse. Elle me réconforterait s'il en était besoin. Mais, en dépit des apparences, ma besogne ne s'annonce pas si terrible. Il me sera d'autant plus facile de passer pour un archéologue que je suis réellement diplômé de l'École des conservateurs de musée et lauréat de la Société de Géographie. En somme, je n'aurai d'autre rôle à jouer que le mien… Oui, l'antiquité américaine me passionne. J'ai même écrit deux opuscules sur le dieu Quoat-Quoat. C'est une matière si riche, si neuve ! Croyez-moi… L'Amérique reste encore à découvrir. Quand serons-nous à la Vera-Cruz ?

LE CAPITAINE

Le *Mirmidon* est un excellent bateau. Le lin de

sa voilure est aussi blanc que le charbon de ses soutes peut être noir. Si Dieu veut, nous toucherons la Martinique dans trois semaines. Quinze jours plus tard, vous verrez les collines de sable de la Vera-Cruz. Maintenant je vous laisse. N'oubliez pas que nous dînons à six heures et demie *(il tire sa montre)* c'est-à-dire dans vingt minutes. Je vais peut-être manquer de modestie. Notre chef est l'un des meilleurs du moment.

AMÉDÉE

Vous m'en voyez ravi. Je suis gourmand comme un petit chat.

LE CAPITAINE

Ah ! Avant de me retirer, et conformément au règlement, je vais, simple formalité ! vous donner lecture du paragraphe cent cinquante-quatre des instructions générales pour la navigation au long cours. Ces instructions ont été confirmées par la loi du trois juillet cinquante-deux et, plus près de nous, par une dépêche de juillet soixante-quatre.

Il feuillette un livre qu'il vient de tirer de sa poche.

... Brro... Brro... Brro... Ah ! Nous y sommes... « Le Capitaine *(il se désigne de la main)* le Capitaine d'un navire marchand, moins de trois heures après l'appareillage, porte à la connaissance de tout individu embarqué comme agent secret de l'État, com-me-a-gent-se-cret de l'É-tat, mais n'appartenant pas au cadre régulier de l'armée, de la police ou de la gendarmerie, que ledit individu est présumé s'être abstenu d'avoir organisé ou facilité l'introduction, à bord, de toute personne du sexe féminin non inscrite au rôle des passagers. » C'est du style administratif n'est-ce pas ? Il se veut simple, condensé, limpide. Il ne parvient qu'à être obscur... « En outre, ledit individu s'abstiendra de nouer avec quelque passagère que ce soit des relations qui pourraient être interprétées par le Capitaine comme susceptibles de compromettre le secret de la mission dudit individu... »

AMÉDÉE

Où voulez-vous en venir ? C'est moi, l'individu ?

LE CAPITAINE

Ce n'est pas moi qui parle. C'est le règlement. Mais attendez. Vous allez saisir... « Si l'agent secret était convaincu d'avoir transgressé l'une ou l'autre de ces dispositions, il appartiendrait au Capitaine, en tant qu'officier instrumentaire, de faire passer par les armes le délinquant, après lui avoir, le cas échéant, appliqué la contrainte disciplinaire numéro quatre. » La contrainte disciplinaire numéro quatre, cher Monsieur, consiste dans l'arrachement des ongles. J'admets volontiers que ce texte puisse avoir de quoi vous surprendre. Mon devoir...

AMÉDÉE

Si je comprends bien, on me soupçonne d'avoir amené une femme sur le bateau. Comment ? Dans mes valises, peut-être. Vous pourrez fouiller. Mais fouillez donc !

LE CAPITAINE

Cette femme se dénoncera bien toute seule. On ne cache pas une femme aussi facilement qu'une maladie.

AMÉDÉE

Cette femme ? Mais de quelle femme parlez-vous ?

LE CAPITAINE

De la même que vous, pardi !

AMÉDÉE

De la même que moi ? Mais quelle est cette femme ?

LE CAPITAINE

La femme embarquée par vous en sous main, allons !

AMÉDÉE

La femme embarquée par moi en sous main ? Mais je n'ai embarqué personne.

LE CAPITAINE

Il me plaît de vous l'entendre dire. Eh bien ! ce sera l'autre qui s'arrangera pour que vous soyez fusillé.

AMÉDÉE

Ce sera l'autre ? L'autre quoi ?

LE CAPITAINE

L'autre femme, à la fin ! Ne faites pas l'innocent.

AMÉDÉE

L'autre femme ?

LE CAPITAINE

Oui, celle avec qui vous nouerez des relations qui... Enfin, je viens de vous lire le règlement. Vous en savez autant que moi.

AMÉDÉE

C'est insensé. Réellement, c'est insensé. Comment ! Par patriotisme, par... dévouement, pour me rendre utile, pour poursuivre la tradition de la famille, qui est une famille de prêtres, d'officiers, je me lance dans une équipée dont la témérité me valait à l'instant vos félicitations et, tout d'un coup, un livre à la main, vous me traitez d'individu, vous parlez de me fusiller, de m'arracher les ongles *(il regarde ses mains),* vous allez jusqu'à susciter autour de moi des femmes, des ombres de femmes, dangereuses, gluantes. Est-ce ainsi qu'il convient d'en user avec un homme de ma qualité ?

LE CAPITAINE

Monsieur, un navire est un monde. Quand il marche, comme celui-ci, en même temps à la vapeur et à la voile, qu'il tira sa force et sa vitesse, non seulement de son propre fond, mais, encore, d'une influence extérieure, et qu'il utilise ainsi deux ordres de puissance qui pourraient être antagonistes l'un à l'autre et qui, en tout cas, diffèrent étrangement par leur substance et leur procédé, on ne peut qu'admirer l'utilité, je dirai plus, la majesté, oui, la majesté des formules qui consignent les théories mathématiques dont l'application judicieuse aboutit à l'assiette de ce navire, à sa vélocité, à son existence même. Elles sont bien austères, pourtant, ces théories, bien rébarbatives ! De même, les dispositions si minutieuses que le Capitaine au long cours devra observer dans ses rapports avec ses passagers, avec son équipage, avec les consuls, avec les maîtres de port... il y en a des pages et des pages... elles peuvent paraître parfois superflues. Vous déclarez abusives celles qui vous concernent. Or, sans ces dispositions, pensez-vous que la moindre vie sociale serait possible sur ces continents autonomes que sont les navires, coupés du reste des hommes, lâchés en pleine immensité ?

AMÉDÉE

Je suis, dans le principe, entièrement d'accord avec vous, Capitaine. Néanmoins, les dispositions qui me concernent, comme vous dites, je vous avoue que j'ai beaucoup de mal à les trouver pertinentes. Arracher les ongles à un agent secret...

LE CAPITAINE

Les ongles, je vois, vous ont chatouillé. Pratiquement, depuis le Consulat[1], on ne les arrache pour ainsi dire plus. Mais le Capitaine peut toujours, s'il le juge bon, recourir à cette procédure.

AMÉDÉE

... arracher les ongles à un agent secret, ou le fusiller, sous prétexte qu'on l'a trouvé avec une femme alors qu'il avait peut-être besoin, pour accomplir sa mission, du concours de cette femme, je vous assure que...

LE CAPITAINE

Je vous arrête. Mon âge m'y autorise. Jeune

homme ! Jeune homme ! L'intimité du couple ronge le noyau de l'homme. Prenez une maîtresse. Vous l'appellerez mon trésor. Le trésor, alors, adieu ! Plus vous y réfléchirez, plus il vous apparaîtra, comme à moi, que le règlement semble fait pour vous. Il vous gante des pieds à la tête. Vous pouvez dire qu'il vous va !

AMÉDÉE

Mais enfin, Capitaine, vous ne me surveillerez pas tout au long de ma mission. Et là-bas, au Mexique, je n'aurai à lutter, Dieu merci ! que contre l'hostilité normale du pays. Votre règlement ne sera plus qu'un souvenir saugrenu.

LE CAPITAINE

Il est certain qu'une fois à terre vous m'échappez. Mais laissez-moi vous dire qu'il vaudrait mieux que vous eussiez jusqu'au bout, auprès de vous, un tuteur.

AMÉDÉE

Merci, Capitaine, merci. J'aime autant naviguer tout seul. Je ne vois, dans votre règlement, qu'un texte sans portée pratique, tout juste bon à vous fournir les éléments d'une plaisanterie plus ou moins spirituelle. Mais je veux...

LE CAPITAINE

Mon cher enfant, vous en êtes au début de

votre vie. De ce que, jusqu'ici, la figure familière du monde vous est apparue facile, souriante, vous auriez tort de conclure que la pointe ne sortira jamais, la pointe perçante.

AMÉDÉE

Je vous disais précisément, que je veux, un instant, me prêter à votre jeu. J'admets la réalité des menaces du règlement. Dans ce cas, les femmes qui sont à bord, les passagères, il me serait interdit de leur parler sans encourir *(il fait le geste de tirer)* pan ! pan !

LE CAPITAINE

Le règlement ne dit rien de semblable. Je vais vous le lire encore une fois.

AMÉDÉE

Inutile. Ma mémoire est excellente. « Il est interdit, à l'individu, de nouer, avec telle ou telle passagère, des relations qui pourraient être interprétées comme susceptibles...

LE CAPITAINE

... par le Capitaine... interprétées par le Capitaine...

AMÉDÉE

... comme susceptibles de compromettre le secret de sa mission... de la mission de l'individu... » Que, vous présent, l'une des passagères du *Mirmidon* me demande l'heure, et que je la lui donne, ou que d'une autre je ramasse le mouchoir, je serai, pour ma peine, refroidi, alors, nettoyé ?

LE CAPITAINE

Il en irait ainsi dans un navire dont le Capitaine serait fou.

AMÉDÉE

J'entends bien, mais enfin, et toujours dans l'hypothèse, hypothèse absurde ! où vous en arriveriez à prétendre l'appliquer, ce fameux règlement — le plus résistant des Capitaines peut attraper un coup de soleil, de soleil des tropiques...

LE CAPITAINE

Votre badinage me consterne. Nous nous comprendrions mieux, je vous assure, si vous acceptiez d'être sérieux.

AMÉDÉE

Bref, quelle garantie puis-je avoir que mes rapports avec une dame, même les plus mondains, même les plus superficiels, n'auront pas pour moi les pires conséquences ? Et puis, je ne vois fichtre pas pourquoi je m'en tiendrais à des rapports mondains, superficiels. J'ai vingt-six ans, que diable ! J'ai des yeux. J'ai des mains. Cependant, d'après vous, si j'embrasse, je meurs ! Les femmes, par vos soins, deviennent des chiennes enragées, des vipères. Lamentable !

LE CAPITAINE

Vous parlez comme si rien ne dépendait que des apparences. Mais, sapristi ! avant de vous plaindre de l'injustice, attendez qu'elle vous ait distingué. Croyez-moi… On est coupable ou on ne l'est pas. Quand on l'est, ça se sent, ça se voit, et l'intéressé lui-même ne s'y trompe pas. Vous ne vous y tromperez pas. Le bien et le mal, le sentiment du bien et du mal, c'est là-dedans que ça se fabrique. *(Il montre le ventre d'Amédée.)* Il faut que chaque homme élabore dans sa propre chair le bien et le mal. Si les hommes existent, c'est pour ça. Le règlement est moins là pour indiquer ce qu'il faut faire que pour mettre l'homme en état de procès avec lui-même. Quant à moi, ce ne serait vraiment pas la peine d'avoir préparé le brevet de Capitaine, de m'être fait entrer dans la cervelle, en plus de la voilure, quatre machines, vingt chaudières, deux autres machines pour les pompes alimentaires et un arbre de quatre mille tonnes, oui, mon ami ! et d'avoir accompli des centaines de traversées pour ne pas être capable de distinguer entre un baiser qui n'engage que des sympathies charnelles, bestiales… vous me faites employer des termes…

entre un tel baiser et des échanges et des contacts qui, même plus subtils, plus anodins, un coup d'œil, un frémissement, révéleraient une complicité profonde, pernicieuse. Mais finissons-en, voulez-vous ? avec ce chapitre irritant... Je suis désolé d'avoir attristé le début de votre voyage. La cloche du dîner va bientôt sonner. Nous avons à bord des femmes charmantes, notamment des créoles. Aimez-vous les créoles ? Certaines ont des yeux bleu de lin avec des cheveux noirs de houille. Nous avons aussi des Américaines du Sud, la bouche pleine d'une gelée brûlante, et une commerçante de Bordeaux[1]. Elle représente une maison de spiritueux. Une dame assez forte, en qui les prestiges de l'expérience compensent, et au-delà, les charmes de l'ingénuité. Qui vous dirai-je encore ? L'épouse du commissaire ? La belle-mère du gouverneur de la Guadeloupe ? Ah ! J'allais oublier ma fille, ma propre fille. Elle est comme vous, la mignonne... C'est son premier voyage. Vous allez voir comme on sait s'amuser, sur la mer. Dès ce soir, j'en jurerais, les valses commenceront. *(Il fredonne.)* Mon joli cavalier, j'aime tant voir briller — votre lance. — Vers sa flamme de loin — hors de mon petit coin — je m'élance. — Préparez-vous à tourbillonner.

AMÉDÉE

Je ne me sens guère en train. Un pestiféré, n'oubliez pas que je suis un pestiféré, un lépreux.

Que j'aie le malheur de laisser mon regard s'égarer sur une de vos créoles...

LE CAPITAINE

Il a vingt-six ans ! Tous les plaisirs, tous les succès l'appellent. Et il boude ! Mais, mon cher, vous allez être le roi ! Hormis les membres de l'équipage, vous êtes le seul homme à bord, je veux dire le seul qui soit jeune, brillant, disponible. Je ne compte pas, naturellement, les douze gendarmes, treize avec leur adjudant, que nous avons pris au Havre.

AMÉDÉE

Où vont-ils, ces gendarmes ?

LE CAPITAINE

Oh ! Nulle part... Nulle part... Ils ne descendront pas à terre avant le Havre, au retour du paquebot. Certes, ils pourront dire, chez eux, qu'ils ont vu le Mexique. Mais ils l'auront vu sans le toucher, du fond de la rade. Ce sont d'excellents tireurs, choisis comme tels un peu dans toutes les légions de gendarmerie. Ils astiquent déjà leur mousqueton, et je te crache, et je te frotte...

AMÉDÉE

Mais à quel service sont-ils destinés ?

LE CAPITAINE

Vous allez bien rire ! Comme nous sommes marins du commerce, c'est-à-dire dépourvus de toute espèce d'armes, hormis la vieille pièce de trente-cinq qui, théoriquement, nous permettrait d'appeler à l'aide en cas de naufrage, nous sommes obligés d'embarquer des gendarmes pour... pan ! pan !... enfin, vous me comprenez... pour la petite... pour la petite cérémonie...

AMÉDÉE

Décidément, Capitaine, je n'irai pas dîner, ni valser. Valser ! Je suis beaucoup plus jeune que vous, mais je ne saurais admettre que vous me preniez pour tête de Turc. C'est peut-être un usage dans la marine de brimer les novices. Mais je voyage comme passager et j'estime avoir droit à des égards. Je vous prie de veiller à ce que l'on me serve ici.

LE CAPITAINE

Vous êtes mille fois plus difficile à mener qu'un paquebot transatlantique, plus ombrageux. Douze gendarmes n'ont jamais fait peur à personne, tout au moins parmi les honnêtes gens. À la fin, vous m'offenseriez avec vos soupçons. Je ne suis pas un ogre. Je ne lâche pas les coups de fusil comme des vents.

AMÉDÉE

Capitaine, j'ai des documents à classer. Abuserais-je si je vous demandais de m'accorder le loisir de le faire ?

LE CAPITAINE

Des documents à classer ! Mais vous avez vingt jours devant vous. Mon cher ami, comment pouvez-vous voir en moi un adversaire, un bourreau ? Je voudrais être à votre place. Je voudrais, tout comme vous, pour la première fois me lancer sur les eaux. D'ordinaire, vous l'imaginez aisément, je m'abstiens de vanter aux clients de la Compagnie les agréments du voyage. Il y a, pour cela, des panonceaux publicitaires. Mais vous qui êtes si jeune, si éveillé, si courageux, comment un vieux grand mât comme moi résisterait-il au paternel désir de vous dire, de vous répéter qu'il ne faut pas assombrir de mauvaise humeur la fête qui commence, vos noces avec la mer. Une traversée comme celle que vous entreprenez c'est une page arrachée à l'éternité. C'est une éternité particulière, de même qu'un navire en lui-même est un monde, un nouveau monde. Pour découvrir le nouveau monde, Christophe Colomb[1] n'eut qu'à monter à son propre bord. Ce qui se passe sur un navire aussi rapide que le nôtre échappe à la fixité morose qui, dans les villes, dans les villages, vous cloue, à chaque instant, dans vos ennuis. La vitesse d'un paquebot tel que le *Mirmidon* éparpille et pulvérise cette ombre tenace qui, sur la terre, bloque les objets, les alourdit, et, somme toute, les compose. Ici, l'objet, même le plus humble, file quatorze nœuds. Ce guéridon vole, oui, ce guéridon. Entre deux continents, il vole, et l'aigle gravé sur les boutons de manchettes du souverain[1] vole également, sans avoir besoin, même une seule fois, d'agiter ses ailes. Tous nous glissons, verticalement suspendus. Nos ailes nous portent, et le ciel, avec ses raies de maquereau, ses queues de jument et ses barbes de chat, et la mer qui ne cesse de s'ouvrir et de se fermer comme une fleur, le ciel et la mer s'ajustent ensemble pour former une espèce de guitare ou de gondole limpide qui se déplace avec nous. Un bateau est toujours bien plus grand qu'il paraît. Il est le centre d'une clôture d'espace maritime et céleste. Ce n'est qu'en regardant l'écume du sillage que vous vous apercevrez de votre propre mobilité, de votre mobilité, de votre vélocité. Mais si vous vous entêtez, si vous restez dans votre cabine, vous ne saurez rien de votre bonheur. Vous ne connaîtrez ni le vent qui perle, ni l'eau froide qui brûle, ni le sifflement chuchoté du martinet du fougue sous le chouquet du perroquet, ni le goût anglais de la vapeur rabattue à plein goulot. *(Le Capitaine se rapproche, caressant.)* Si vous restez dans votre cabine, vous ne connaîtrez pas la teinte jaune ou verte, prunelle de tigre, des créoles vues de près, ni l'électricité bleuâtre de la chevelure des Mexicaines, ni les chevilles délicates, ni les petites mamelles de... *(On entend du bruit.)* Qu'est-ce que c'est ? Cacheriez-vous une femme dans la cloison ?

AMÉDÉE

Capitaine !

LE CAPITAINE

J'y suis. *(Le Capitaine désigne l'une des parois.)* Votre voisin s'installe, votre voisin ou, plutôt votre voisine, oui, cette dame de Bordeaux qui travaille dans le pernod. *(Le Capitaine montre la cloison opposée.)* Par là, vous avez la jeune Mexicaine. Ainsi, sur quelque côté que vous vous tourniez pour dormir, ou pour ne pas dormir, vous avez, tout près de vous, de quoi rêver. La cloison s'ouvre. Une épaule brille. Une jambe survient. Peut-être, sacré fiston ! suffit-il, pour qu'elle s'ouvre, la cloison, de plier l'index et de cogner le bois, pan !... pan !...

AMÉDÉE

Pan !... pan !... et puis après...

LE CAPITAINE *fait le geste d'épauler.*

Pan !... pan !

AMÉDÉE

Vous êtes inquiétant.

LE CAPITAINE

Vous êtes inquiet ?

AMÉDÉE

Je n'ai pas peur. J'ai peur que vous vous complaisiez à me faire peur. Votre comportement est singulier.

LE CAPITAINE

Allons ! Nous avons assez bavardé.

Le Capitaine se dispose à sortir. Soudain, il trébuche.

Encore ce sale chat ! Mistigris ! Mistigris ! C'est le félin de ma fillette. Elle ne doit pas être bien loin.

Entre Clarisse, jeune fille second Empire, mutine et virginale à souhait.

CLARISSE

Vous n'avez pas vu mon petit coureur ?

LE CAPITAINE

Rien ne me déplaît davantage que de voir des animaux se promener dans le navire. Le règlement les tolère, soit ! mais ils me rendent malade. Mistigris m'a fait peur.

CLARISSE

Papa, Mistigris, d'abord, n'est pas un chat. C'est un démon. Mais regardez-le ! Il va se fourrer dans la valise, maintenant ! Mistigris, vilain papillon de gouttière ! Attends un peu, si je t'attrape.

Elle poursuit le chat. Les papiers volent.

UN MATELOT *se présente.*

Capitaine ! Il y a le mécanicien qui m'envoie vous bafouiller comme ça que la troisième chaudière elle a une déchirure qu'on y ferait passer un attelage de requins. Y a le maître d'équipage aussi qui m'envoie vous bafouiller comme ça que le foc de misaine il s'embrouille dans le surchauffeur et que la ficelle est un peu grosse.

LE CAPITAINE

Je viens tout de suite. *(Il se tourne vers Amédée.)* Le mixte a ses avantages, certes, mais il a ses inconvénients. La voile et la vapeur s'épaulent réciproquement, mais quand elles présentent des avaries simultanées, le pauvre Capitaine doit se couper en deux *(il sort et il rentre)* dans le sens de la hauteur.

Il sort.

CLARISSE

Ça y est ! Mistigris s'est échappé dans les mollets de Papa. *(Vers Amédée.)* Monsieur, je vous prie de m'excuser pour cette intrusion. Mais... Comment... C'est vous ?... Quelle surprise !... Quelle admirable surprise !

AMÉDÉE

Clarisse ! Clarisse !

CLARISSE

Clarisse ! Clarisse ! Eh oui, c'est bien Clarisse, et toute prête à vous gronder bien fort. Je vous tiens et je ne vous lâche pas. Comment ! votre sœur et vous, en deux ans, pas un mot, pas un signe... Vous n'avez su ni écrire un mot, ni me faire un signe. Alors, Versailles, le petit cheval qui trottait, pan !... pan !... pan !... pan !... la confiture, les parties de mansarde, oublié tout ça, périmé, révoqué ? Vous êtes de jolis moineaux[1], tous les deux, vous savez. Mais commençons par le commencement. Comment va Thérèse ?

AMÉDÉE

Ma sœur se porte fort bien. Elle se maria l'été dernier. Nous vous en avisâmes.

CLARISSE

Vous m'en avisâtes, et je répondis. Vous avez

beau être solennel comme un arbre de couche[1], Amédée, vous ne me démonterez pas. Nous avons vécu, tous les trois, trop de joyeuses journées pour que je me fasse un monde de vos passés définis. Je leur oppose résolument notre passé simple, si simple, si confiant. Au moment du mariage de votre sœur, j'avais quitté les dames du Rosaire de la rue Monsieur, et je vivais au Havre, à l'hôtel, avec Papa, ou plutôt, en attendant Papa. Vous connaissez la vie de Papa. Papa vient. Papa part. Il n'a que moi, Papa. Je n'ai pas connu la voix de ma mère. Je n'ai pas de mère. J'ai si souvent pensé à ces deux dimanches de Versailles, de Bellevue. Vous étiez mes correspondants de Versailles, de Bellevue. Vous étiez mes correspondants, comme disait la Supérieure. Je vous vois encore, Amédée, avec une pioche dans votre ceinture. Vous cherchiez, dans la terre, sous les arbres, des rasoirs préhistoriques, les registres en pierre de taille de l'homme primitif. Vous rappelez-vous ? Enfin, Amédée, je vous fais peur ? Vous me reconnaissez, ou vous ne me reconnaissez pas ?

AMÉDÉE

Je vous reconnais parfaitement, Clarisse. Mais cette rencontre est si surprenante ! Je m'y attendais si peu…

CLARISSE

Vous me rendez bien malheureuse, mon petit Amédée. Je m'imaginais toujours que, quand nous nous reverrions, vous n'auriez pas assez de bras pour me sauter au cou. Quand je pense que nous avons fait ensemble tant de promenades, tant de plaisanteries ! C'était bien la peine ! Nous avions même commencé un herbier. J'espère que vous vous en souvenez.

AMÉDÉE

J'admire votre assurance. Un herbier ! Pourquoi pas un muséum... Nous n'allâmes pas au-delà d'une fleur.

CLARISSE

Une fleur de cerisier.

AMÉDÉE

Comment ! Une fleur de cerisier ? C'était une fleur de pommier[1] ! Le pommier de la route de Bellevue ne me l'avait pas donnée. Je la lui avais dérobée. Comment se serait-il défendu ? Cette fleur, moi, je vous l'ai donnée. Qu'est-elle devenue ?

CLARISSE

Une fleur de pommier, coupée de l'arbre, est incapable d'enrichir de la plus petite pomme l'humanité, ni même d'une goutte de cidre. Laissons ces bêtises.

AMÉDÉE

Il est vraiment curieux que vous ne vous soyez même pas souvenu qu'il s'agissait d'un pommier.

CLARISSE

Votre fleur de pommier, grand sot ! je l'ai toujours. Je la conserve dans un livre.

AMÉDÉE

Le livre protège la fleur et la fleur justifie le livre.

CLARISSE

Vous parlez comme un livre... Eh bien... Enfin... voilà.

AMÉDÉE

Voilà.

CLARISSE

Voilà ! Nous nous éloignons de plus en plus de Versailles, de Bellevue...

AMÉDÉE

Quatorze nœuds à l'heure. Le navire a du coffre.

CLARISSE

Papa est un capitaine exceptionnel.

AMÉDÉE

Pince-sans-rire, surtout.

CLARISSE

Pauvre Papa... Il dit quelquefois qu'il est un saumon, tout le temps à descendre, à remonter le fleuve. C'est moi qui lui taille ses favoris, vous savez. Si je ne les lui taillais pas, ils traîneraient comme deux longs serpents de poils, tout argentés, tout brillants. J'avais douze, treize ans, je m'installais déjà sur ses genoux, avec des ciseaux. Mais vous en étiez au coffre.

AMÉDÉE, *épouvanté*.

Au coffre ? Quel coffre ? Je n'ai pas parlé du coffre ?

CLARISSE

Coffre ou non, mon bon ami, qu'est-ce que vous faites comme ça, tout seul, sur la mer ?

AMÉDÉE

Les dames du Rosaire n'enseignent-elles pas aux petites filles qu'être indiscrète c'est aussi grave et c'est plus laid que de commettre des péchés ? Les péchés portent en eux-mêmes leur châtiment, tandis que l'indiscrétion, avec elle, on ne risque rien. Ça glisse. C'est de la luzerne de serpent.

CLARISSE

On risque tout de même de recevoir un sermon. Maintenant, cher prédicateur, peut-être me répondrez-vous ?

AMÉDÉE

À quoi faut-il que je réponde ?

CLARISSE

Qu'est-ce que vous faites, comme ça, sur la mer, tout seul ?

AMÉDÉE

Je voyage... Je visite...

CLARISSE

Moi aussi, je voyage. Moi aussi, je visite. Mais je ne suis pas aussi secrète. Je peux vous dire très exactement où je vais. Je vais à la Martinique.

AMÉDÉE

J'espérais... Je pensais que vous alliez au Mexique.

CLARISSE

Un ami de mon père vit à la Martinique, dans le rhum. Sa fille m'invite.

AMÉDÉE

La Martinique est au bout du monde.

CLARISSE

Que dirais-je, alors, du Mexique !

AMÉDÉE

Clarisse, vous a-t-on suffisamment instruite ? Vous a-t-on décrit la Martinique, cette chaleur, cette torpeur ? Le climat pèse, pèse. Le corps étouffe l'âme. Tout est neutre, tout est bleu, sous une buée blanche. Une île, la Martinique ? Allons donc ! Une place de la Préfecture. Quatre cocotiers poussiéreux. La nausée du dimanche après-midi. En allant à la Martinique, à quoi prétendez-vous échapper ?

CLARISSE

Qu'allez-vous chercher ?

AMÉDÉE

Pardonnez-moi. Je viens de me montrer moi-même indiscret.

CLARISSE

Non... Vous n'êtes pas indiscret. Je vous demandais : « Qu'allez-vous chercher ? » C'est du langage direct. Enfin, c'est du français ! Au Mexique, vous allez chercher quoi ?

AMÉDÉE

Ce que je vais... Que voulez-vous que j'aille chercher ? Je suis dans la pierre. Je la déterre. Je la gratte. Je la mesure. Je la déchiffre.

CLARISSE

Mais c'est vrai ! Il a emporté sa pioche. Je la reconnais. C'est celle que vous portiez dans la ceinture. Une pioche, au fond, a la forme d'une ancre. Vous ne trouvez pas ? Chère pioche, sœur de la fleur de pommier, laisse-moi t'embrasser.

Elle pose ses lèvres sur le bois de la pioche.

AMÉDÉE

Les îles, Clarisse, je ne me trompe pas. Si vous y allez, c'est pour fuir. Que fuyez-vous ? Un souvenir ?

CLARISSE

Cette terre est construite de telle sorte qu'on ne sait jamais, ce que l'on fuit, si les pas que l'on fait, on les fait pour le fuir, ou si, tout au contraire, ces pas que l'on fait vous ramènent vers lui.

AMÉDÉE

Qui, lui ?

CLARISSE

Ce que l'on fuit. C'est du français, pourtant, et du langage direct ! Mais vous ne m'écoutez pas. Vous êtes au Mexique. Parlez-moi du Mexique.

AMÉDÉE

Je le connais surtout par les bouquins. Depuis des années, le Mexique nourrit ma pensée. Un homme est heureux, Clarisse, quand il dispose pour sa pensée, pour sa vie, d'un aliment toujours présent, d'un thème infatigable en sa fécondité.

CLARISSE

Ainsi, vous n'avez rien trouvé de mieux, pour légitimer votre existence, que de la consacrer à ce qui n'existe plus, sans même vous rendre compte que du poids même de vos études, de vos œuvres, ces études et ces œuvres étant, à leur tour, emportées par le temps, vous accroissez le néant des peuples anciens. Elles sont froides, vos pierres. Elles sont dures. Bien plus douce la peau des fleurs...

AMÉDÉE

Chacun suit son chemin. Chacun est le prisonnier de son chemin. Il n'est pour chacun, sans doute, qu'un seul chemin. À Versailles, j'étais la timidité même. Pas un cœur n'est plus exigeant, plus impérieux, que le cœur de l'homme timide.

CLARISSE

N'avez-vous jamais essayé de vous jeter, d'un bond, hors du détestable chemin du prisonnier ?

AMÉDÉE

Si. Oh ! si. J'ai eu tout juste le temps de cueillir une fleur de pommier. Mais, déjà, d'une secousse, le destin vous tire.

CLARISSE

Le destin repasse par le chemin d'autrefois. La race des pommiers fleuris n'est pas épuisée.

AMÉDÉE

Dans le paysage que nous traversons, il n'est d'autres fleurs que celles de l'écume. Qui songerait à les cueillir ?

CLARISSE

En France, les pommiers feront toujours des fleurs.

AMÉDÉE

Clarisse, vous me déchirez. Ma mission me tient. Je porte en moi une telle abondance d'espérances, de connaissances... Et vous êtes là, toute gentille, toute rose comme un crocodile, comme un monstre, devant les pyramides écroulées du Mexique, devant les hommes nus dont on a peint le cœur en bleu pour que les flèches des sacrificateurs viennent s'y enfoncer et s'y rejoignent comme les lignes du monde dans le cœur de l'artiste...

CLARISSE

Respirez... La phrase part pour être longue[1]. Respirez...

AMÉDÉE

... et vous souriez, car rien ne ressemble à une belle jeune fille davantage qu'un crocodile qui aurait une sale gueule, ou qu'un tas de prêtres rouges, les prêtres du dieu Quoat-Quoat[2] tirant de l'arc. Vous massacrez en moi cet univers studieux. Vous fourrez des fleurs de pommier là où elles n'ont que faire... Clarisse...

CLARISSE

Attention ! Le crocodile...

AMÉDÉE

Clarisse, les fleurs du pommier, j'aurais dû toutes vous les donner. J'aurais dû arracher pour vous l'arbre et ses fruits. Je suis cet arbre chargé de fruits. Votre visage et votre corps m'enchaînent et me délivrent. Je ne vis désormais que pour vivre davantage, et je ne vivrai davantage qu'en vous contemplant de plus près, de plus près encore... C'est si beau, tout ça... Ces yeux... Ces doigts... Quand on se trouve avec quelqu'un qu'on aime, sa mère par exemple, ou sa sœur, et qu'on est à l'instant de périr, on regarde, je suppose, près de soi, ce visage chéri, pour se cramponner à lui, mais le monde et le malheur sont les plus forts et tout s'écroule, et l'on périt. Avec vous, c'est le contraire. C'est au visage du Mexique et de mes livres que je me cramponne. Mais votre charme sera le plus fort. Tout va s'écrouler. Je vais me noyer en vous.

CLARISSE, *très doucement*.

Mon ami, parlez-moi du Mexique. Parlez-moi des pyramides écroulées. Nous les relèverons ensemble. Parlez-moi de ce qui vous intéresse. Ce dieu Quoat-Quoat ?

AMÉDÉE

C'était un dieu. C'était le dieu d'un peuple.

CLARISSE

Ce peuple vit encore ?

AMÉDÉE

Il n'en finit pas de mourir. Quelques familles persistent, le visage plein de boutons. Quand on leur donne des vêtements, elles les mangent. À la grande époque, pourtant, le dieu Quoat-Quoat... Mais je vous ennuie.

CLARISSE

Mais non...

AMÉDÉE

Le dieu Quoat-Quoat... Vous ne pouvez pas savoir, vous ne pourriez pas savoir, Clarisse, ce que cela peut entraîner pour moi de tremblements intérieurs, que je sois sur le point de voir et de toucher ce qui fut l'objet de tous mes instants, le principe de tous mes désirs, le dieu Quoat-Quoat, là-bas, dans son temple perdu, en dehors de l'Histoire, à l'écart de la politique comme un soleil immobile oublié dans un lieu sauvage. On ne possède sur lui d'autres informations que les deux ou trois pages d'un jésuite espagnol du dix-septième siècle. Il y a dix ans, une expédition américaine a levé quelques plans. Sur cette base très étroite quelques savants, et je suis l'un d'eux, Clarisse ! quelques savants sont parvenus, en trimant comme des galériens, à reconstituer la figure vivante de ce Quoat-Quoat, de ce soleil. Et maintenant, petite Clarisse, je vais la voir, cette tête couchée, cette pierre rouillée, dans un pays que les deux antiquités classiques ont rigoureusement ignoré, un pays, ma chère, où l'on peut travailler librement, sans avoir à disputer son petit lopin d'Homère ou de Cicéron à cinquante mille professeurs. Vous me croyez un peu fou... Oh ! Je ne me plains pas. Je monte en grade, en somme. D'abord, vous m'aviez pris pour un nigaud.

CLARISSE

Amédée, votre folie, Amédée, votre seule folie, c'est de ne pas savoir que vous êtes aveugle. Mais regardez-moi donc !

AMÉDÉE

Vous regarder ? Rien n'est plus suave. Rien n'est plus affreux.

CLARISSE

Vous me faites brûlante, Amédée.

AMÉDÉE

Brûlante ?

CLARISSE

J'ai hâte de connaître ce dieu Quoat-Quoat.

AMÉDÉE

Le climat mexicain est celui du feu, en effet, du feu et du froid, du feu en même temps que du froid[1]. Le feu de la vie qui serait le froid de la mort. Un improvisateur s'asseyait en face du dieu sur une escarpolette au-dessus d'un puits où brûlait un bûcher. S'il commettait la moindre faute en prosodie, les cordes de l'escarpolette étaient tranchées. Le malheureux dégringolait[1].

CLARISSE

Ciel !

AMÉDÉE

Le puits, sans doute, existe encore. Je le retrouverai. Le temple de Quoat-Quoat m'est aussi familier que le jardin de la maison à Versailles, le temple ou, du moins, son emplacement et ses vestiges[2]. *(Il mesure en marchant un espace imaginaire.)* Tenez. *(Il prend un des livres et le pose debout sur la table.)* Tenez, là vous avez le mur des jeunes filles... *(Il dispose un autre livre.)* Là, ce sera la base de la pyramide centrale, celle du grand miroir de pierre glacée. *(Il prend l'encrier.)* La tête du dieu Quoat-Quoat est là. Elle est rouge. Je vous le disais bien ! Elle est rouge. *(Il gesticule.)* De part et d'autre de la tête se dressent les colonnes royales. Tant de soleils ont passé sur elle que les lèvres se sont usées, que les prunelles se sont vidées. Autour de nous, tout est nu. Il y a peut-être des plantes, il y en a sûrement, mais on ne les voit pas. Tout est sculpté dans une lumière aussi égale, aussi monotone que la neige.

CLARISSE

Les couleurs sont éclatantes mais elles vibrent si fort qu'elles se détruisent l'une l'autre.

AMÉDÉE

Il n'y a pas de bonté, ici, pas de douceur.

CLARISSE

Il y a de la grandeur. Ces escaliers qui montent tout droit…

AMÉDÉE

Nous sommes dans l'enfer et au-delà de l'enfer. Nous sommes au-delà de l'ombre que fait la main catholique du bon Dieu. Le rayonnement de ces ruines contient un désespoir si total qu'il finit par être rassurant. Goûter sur ce plateau le plaisir de l'amour, le plaisir d'un amour qui ne se limiterait pas ou, qui sait ! qui n'atteindrait pas au geste animal des lézards ou des indigènes, goûter dans ce lieu de la plus majestueuse détresse un amour comme le nôtre, tout excité d'un souvenir de campagnes fraîches en Normandie, d'églises rustiques du côté d'Orléans, c'est plus fort, c'est plus âcre, Clarisse, toi mon amour ! que tous les péchés réunis. C'est plus voluptueux et plus délicieux que le pardon de tous les péchés, Clarisse, toi mon destin ! Regarde. Ferme les yeux et regarde. Tout est méchant avec noblesse. Tout est dur sans rémission. Tout est vide. La morale, absente. La science, inconnue. Nous apportons l'amour. Quel amour ? Mais le nôtre… Le nôtre seulement. Notre amour ne se confond pas à cet univers mexicain de parfaite méchanceté. Dans sa tendresse, dans la rosée de sa tendresse, notre amour éclate comme un outrage à l'esprit du feu lugubre où baignent ce profil couché, ces murailles incandescentes. Ta fraîcheur passe entre ces ruines inhumaines comme une rivière de fleurs de pommiers.

CLARISSE

Amédée, c'est admirable… Si loin… Il a fallu que nous venions si loin… Il y a tant d'espace dans le monde. Au même endroit, pourtant, de l'espace du monde, au même endroit du cristal de l'espace du monde, nous sommes serrés l'un contre l'autre, comme si ce monde était petit, tout petit, et qu'il n'ait rien à faire que nous contenir.

AMÉDÉE

Nous sommes hors de l'ombre même de la main catholique de Dieu.

CLARISSE

Parce que nous sommes dans le tout fin fond du creux de la main de Dieu. Je me sens tout affaiblie… Amédée… tout affaiblie…

AMÉDÉE

Un âne ! Un enfant ! Je suis un âne. Je suis un enfant. Je me prends pour quelqu'un, avec mes opuscules. Mon bonheur d'atteindre et de toucher le nœud de ma pensée, il ne serait rien si tu n'étais là, si tu n'étais là pour me le rendre à moi-même sensible et vivant. *(Il saisit la main de Clarisse et la promène dans l'espace.)* Elles sont là, gravées dans la pierre des stèles jumelles, les sauterelles que j'ai décrites, les sauterelles géométriques. Les sauterelles ne sont pas des sauterelles. Ce sont des lettres, des lettres qui sont des forces[1]. Mais la force des lettres s'est épuisée. Elle est tombée comme tombe une vieille dent, et au jour inévitable, au jour marqué, sans une erreur de date, les conquérants sont venus, les Espagnols. Trente types avec quatorze chevaux se sont emparés de l'Amérique. Un jour plus tôt c'eût été un jour trop tôt. Un jour plus tard, c'eût été un jour trop tard.

CLARISSE

Je ne sais pas lire... Je ne sais pas lire les sauterelles.

AMÉDÉE *semble déchiffrer
un texte devant lui.*

Les enlumineurs de carquois amèneront une fille de leur clan. Ils l'attacheront à un chien et à un cerf. Ils lui feront une croix... une croix... sur le cœur. Avec un brin d'herbe la bouche ils lui coudront... ils lui coudront. Ils tueront le cerf. Ils tueront le chien. Ils coucheront la fille sur le corps du cerf et sous le corps du chien... Le reste de l'inscription est effacé, mais qu'importe ! Toutes mes hypothèses sont confirmées. Clarisse ! Clarisse ! Le sang du chien inonde la fille couchée. Le cerf achève de frémir. Et le dieu commence à sourire. Les tambours, d'eux-mêmes, grondent. Les grands violons de pierre rouge résonnent sans qu'on les touche. Le peuple aux yeux immobiles lève un pied, le repose et lève l'autre pied. La danse petit à petit va s'accélérer. Un pied. L'autre. Un pied. L'autre. Les yeux sont ouverts comme des soleils cloués. Les soldats emplumés sont debout sur le mur. Le miroir de pierre glacée étincelle au sommet de la pyramide écarlate. Jolie ! Gracieuse ! Jolie et gracieuse Clarisse, tu m'as suivi jusqu'ici sans te plaindre, sans trébucher. *(Ici, Clarisse illustre d'une danse les paroles de l'homme.)* Tu as franchi des forêts. Tu as lu notre chemin dans les étoiles et les étoiles t'ont reconnue pour l'une d'elles, la plus belle. Au reptile et à l'oiseau tu as montré ta beauté. Tu as traversé les steppes de poussière et de cactus. Tu as franchi des forêts où le soleil ne pénètre jamais. Tu as pris des diligences dont les roues perdaient leurs rayons au passage des torrents. Tu as franchi des forêts. Nous avons acheté des chevaux. Tu t'es habillée en homme. *(Brusque changement de ton.)* Tu me bottes, tu sais ! avec ces larges pantalons de cuir, et ce chapeau de cavalier en arrière de tes cheveux, et ce pistolet sur ta hanche, et ces mains promptes à me tirer lentement, hors du corps, ma tendresse afin de me la rendre, ensuite, par des caresses. Quand tu les écartes contre ta poitrine à même le casaquin poilu, tes mains ressemblent à des bestioles cruelles qu'on ne peut apprivoiser qu'en leur donnant des langues de substance. Tes mains me regardent avec la clarté de leur surface. Clarisse tu es quelqu'un, tu sais ! quelqu'un d'attaque.

CLARISSE

Je suis la fille du Capitaine. Je suis ta maîtresse.

AMÉDÉE

Tu as tout subi, les moustiques, les coups de fusil, et mes radotages de professeur. Maintenant nous nous possédons. La chair est la peine de l'âme, mais elle en est la récompense. Je suis au Mexique. Je suis debout sur la colline de ma pensée concrète. Je tiens dans mes bras la raison de l'homme, une femme. *(Il prend et porte Clarisse entre ses bras.)* L'un de mes bras s'appelle Chien, et son frère s'appelle Cerf. La pensée est plus belle que la femme, mais la femme est plus belle que la pensée. Le poids de ta légèreté[1] enfonce les siècles dans la terre, les siècles et les professeurs, les professeurs, les amiraux, les géologues. Tes jambes détruisent le signe cérébral que font les sauterelles. Ta bouche mord la corde, et la corde est tranchée. Je tombe dans un puits de feu, mais ce feu me fait tant de bien que si je meurs, je meurs de joie, et ce puits m'aspire vers le haut comme si j'étais le plus grand et le plus volage des oiseaux. *(Ils s'embrassent.)* Viens, maintenant. Allons voir le puits véritable.

Il trébuche.

CLARISSE

Quoi, chéri ! Vous avez mal à la jambe ?

AMÉDÉE

Non, je me suis pris le pied dans un anneau. *(Il se penche vers le sol.)* Ah ! Dis donc !… Ça, c'est extraordinaire ! Ce coffre… Ce coffre moderne… Mais c'est le trésor ! Hé oui ! Le trésor que je suis chargé de récupérer comme agent secret du gouvernement. Ça ! quand je pense qu'en somme, sans ce trésor, je ne serais, sans doute, jamais venu ici, je n'aurais pas connu la prodigieuse brûlure de l'amour au sommet du néant, dans une lumière solaire aussi épaisse que la nuit, dans une chaleur plus mordante que la glace, je me sens une de ces envies de rigoler. C'est le coffre à Maximilien[1]. On m'avait indiqué, en effet, que je le trouverais, ce brave coco de coffre, dans les ruines du temple, à trois mètres du mur des jeunes filles en allant vers l'angle nord de la pyramide. *(Il mesure l'espace en mar-*

chant.) Il y a, là-dedans, mon chou, huit millions en billets de la banque de France et deux millions de dollars américains et, bouge pas : la couronne de l'impératrice Charlotte[1]. *(Sur ces entrefaites, le Capitaine est entré doucement. Amédée et Clarisse miment l'ouverture du coffre, le recensement du trésor et le couronnement.)* Toi, flamme de chair, toi ma guerrière, non pas d'un pays plein de présidents et de commissaires, non pas d'un Mexique avec un budget, avec une armée, mais du Mexique du soleil sans poésie et de l'étoile sans rayons, d'un Mexique qui ne s'appelle pas le Mexique mais qui s'appelle Quoat-Quoat, cactus, chaparral[2], vautour et silence, et ces vocables mêmes n'ont plus de sens, Clarisse ! d'un Mexique délivré de tous les vocables, et qui a tué jusqu'à ses morts, d'un Mexique réduit et pourtant exalté à former le prétexte, ici, de notre couple, d'un tel Mexique, l'impératrice, c'est toi. Ta couronne, à toi...

CLARISSE, *alarmée.*

Amédée ! Vous avez entendu ?

AMÉDÉE

En effet... Soyez calme.

CLARISSE

Les porteurs, peut-être ?

AMÉDÉE

Les porteurs nous attendent à trois kilomètres. Ils n'oseront jamais s'approcher de Quoat-Quoat.

CLARISSE

La police mexicaine ?

AMÉDÉE

Il n'y a pas de ville, ni même de village, à moins de trente lieues.

CLARISSE

Un animal, peut-être...

AMÉDÉE

Oui, peut-être quelque tapir...

CLARISSE

Il est plus gros qu'un tapir, cet animal, et plus redoutable qu'un jaguar. Je me sens toute saisie.

AMÉDÉE

Soyez calme... Avec un bon coup de pioche...

CLARISSE

Je crois qu'il se cache derrière la tête.

AMÉDÉE

Nous allons la contourner. Tenez-moi par les basques.

CLARISSE

Là... Devant vous !

Amédée brandit la pioche. Le Capitaine surgit devant lui.

LE CAPITAINE

Mes compliments, Monsieur, tous mes compliments. Ah ! Ça n'a pas traîné. L'emplacement du coffre, la valeur de son contenu. Parfait ! Mais nous avons le règlement. Heureusement ! Sans le règlement où irions-nous ? Vous pouvez poser votre pioche. Une pioche n'est pas une ombrelle.

AMÉDÉE *se réveille lentement
de sa rêverie.*

Mais qu'est-ce que je fais avec cette pioche à la main ?

LE CAPITAINE

Vous chassiez le tapir. Vous étiez effrayant.

AMÉDÉE

Je chassais le tapir ? Moi ?

LE CAPITAINE

Oui, et vous me parliez d'un coffre.

AMÉDÉE

Je me suis permis de donner à Mademoiselle une petite leçon d'archéologie.

LE CAPITAINE

Tu ! tu ! tu ! Vous avez divulgué l'objet de votre mission. Vous serez fusillé, mon garçon. Article cent cinquante-quatre. Pan !... pan !... pan[1] !...

AMÉDÉE

Je me suis laissé emporter par une exaltation bien compréhensible, bien légitime. Je suis épris de Clarisse et j'ai l'honneur de vous demander sa main. Je suis comme vous le savez diplômé, lauréat...

LE CAPITAINE

Oh ! Je n'ai songé un seul instant à oublier vos titres, pas plus qu'à contester vos mérites.

AMÉDÉE

L'entretien que je viens d'avoir avec Clarisse fut décisif. Nous nous sommes rendu compte de notre goût, n'est-ce pas, ma bien-aimée ? de notre goût commun pour les forêts vierges, les explorations. Elle et moi, nous allons parcourir le globe. Votre retraite, je pense, doit approcher. Entre deux voyages, nous viendrons nous reposer auprès de vous. Ma femme taillera vos favoris.

LE CAPITAINE

Vous êtes un brave cœur, mon cher Amédée, mais je compte encore voyager. Ce bateau, je m'y promène les yeux fermés. Je le porte en moi comme il me porte en lui. L'extrémité des écoutes de la voilure est amarrée au pied de ma couchette. On ne pourrait larguer un foc, la nuit, sans que le grand mât s'en avise. Le grand mât, moi-même... Outre mon navire, je connais les dahlias imprimés de la tapisserie de la chambre d'hôtel, au Havre, où je descends quand on repeint le *Mirmidon*. Ensuite, plus rien. Je ne sais plus rien de rien. Et je voudrais aller un peu dans les villages, dans les cafés, en Auvergne, ou dans des pays qui s'appellent Ga, qui s'appellent Grenoble, et sur les bords du Vidourle. Le Vidourle, mes enfants, devinez ce que c'est ? C'est un fleuve. Il passe près de Béziers.

AMÉDÉE

Magnifique ! Magnifique ! Nous serons comme trois amis ! Vous me raconterez des histoires. Vous devez en avoir plein votre sac. Je vous enseignerai à pêcher les écrevisses, à distinguer le sifflet du bouvreuil de celui du pinson. L'un fait tsou tsou. L'autre fait chu chu[1]...

LE CAPITAINE

Tsou... tsou... Chu... chu !... Tentant, vous

l'êtes, allez ! Mais il y a... Pardonnez-moi. Vous allez penser que je rabâche... Il y a le règlement, ce diable de règlement. Demain, à quatre heures du matin, pan ! pan !... Oh ! ce n'est pas que j'aime ça, fusiller le monde. Mais je suis le Capitaine, n'est-ce pas ?

AMÉDÉE

Mais... Voyons... Me serais-je mal expliqué ? J'épouse Clarisse. Clarisse, votre fille !

LE CAPITAINE

Je ne suis pas sourd... Mais non, précisément, mais non... Vous ne l'épousez pas.

AMÉDÉE

Et pourquoi ?

LE CAPITAINE

Parce que, demain matin, quatre heures, vous, froid[1].

AMÉDÉE

J'aime Clarisse.

LE CAPITAINE

Là, je vous comprends. Elle est rudement gironde. Vous avez vu ses jambes ? Moi, je les ai vues. Je suis son Papa, n'est-ce pas ?

AMÉDÉE

Nous pourrons nous marier dès mon retour.

LE CAPITAINE

Oui, bien sûr... Oui, naturellement, je comprends... Mais, n'est-ce pas ?... comment dirai-je... Ah ! si l'on pouvait, bien entendu, je... Moi, pour ma part, à tout prendre... Je vous l'ai dit et redit... Si... Enfin, bref... Demain, pan ! pan !...

AMÉDÉE

Capitaine, quelqu'un ici est de trop.

CLARISSE

Je peux me retirer. En somme, moi, j'ai fini.

AMÉDÉE

Vous êtes folle ! Non, ce qui est de trop, c'est l'esprit de moquerie. L'esprit de moquerie habite votre père. L'esprit qui n'est pas le bon. Il pousse les anciens à terroriser les enfants, à les abrutir, quand ceux-ci ne sont que tendresse et gentillesse. Toute ma vie, il m'a poursuivi. Cet esprit de destruction et de dérision m'était si sensible que je lui avais donné un nom. Je l'appelais le ziblume[1]. On dirait deux doigts qui marchent sur une table. Le père de ma mère prétendait qu'un jour une fourmi m'avait fait reculer. Une fourmi ! J'allais au lycée. J'avais quinze ans. Cette fourmi, je vous assure, m'a fait pleurer. Mon oncle le colonel, lui, quand il venait à Versailles, il ne manquait jamais d'affirmer qu'on allait me faire cuire et me manger. Le ziblume les travaillait. Aujourd'hui, c'est vous qu'il travaille. Pénible.

LE CAPITAINE

Votre ziblume, je regrette, je n'en ai jamais entendu parler. Mais il est bien exact que dans la marine, le règlement dispose que l'on peut tuer le mousse et le consommer. En cas de famine, bien entendu, et sous diverses garanties.

AMÉDÉE

Il continue ! Il insiste ! Enfin, Monsieur, on vous confie un navire de nonante quatre mètres de long, deux cents hommes d'équipage, la vie et les biens des passagers, et vous badinez, vous badinez sans arrêt. C'est alarmant. Mais regardez ce qui vous entoure, à la fin ! Prenez conseil de votre domaine, ces boiseries exactes, ces courbes calculées au millimètre, cette photographie où l'expression majestueuse de l'auguste visage va de pair avec la dignité mathématique et chimique des procédés qui nous la restituent présente et vivante. Ces données demandent, laissez-moi vous le dire, elles vous commandent de vous tenir mieux.

LE CAPITAINE

Écoutez-moi, jeune homme. Vous êtes sincère, je le vois. Vos paroles me bouleversent. Je voudrais vous apaiser. Je voudrais que vous compreniez bien qu'entre mon attitude et la consistance de ce navire et de tout ce qu'il représente, vous l'avez bien dit, de pensée, de fidélité, il n'existe aucune rupture. Je vais vous faire fusiller tout de suite. Ma bonne volonté, de la sorte, vous apparaîtra clairement, ma bonne volonté, ma véracité, mon amitié.

AMÉDÉE

Clarisse, vous restez là... Vous ne m'aidez pas. Je vais avoir une crise, moi, à la fin !

CLARISSE, *au Capitaine.*

Tu vois bien qu'il ne te croit pas, que jusqu'à la dernière seconde il ne te croira pas. Ne le prive pas de cette nuit qui lui reste... Ils aiment tant regarder la muraille de leur prison. Des fois, ils écrivent dessus[1].

> *Écroulé, prosterné, Amédée demeure immobile, muet.*
> *Clarisse, maintenant, est assise sur les genoux du Capitaine.*
> *Elle lui taille les favoris à l'aide de longs ciseaux.*

CLARISSE

Clouic... Clouic... Clouic... Clouic... Il ne faut pas, surtout, que l'un dépasse l'autre. Pas de favoritisme, messieurs les favoris !

LE CAPITAINE

Sans toi, pour de bon, ils pousseraient jusqu'au grand diable. Mais tu es là. Tu es à moi.

CLARISSE

Tu ne m'auras peut-être pas toujours.

LE CAPITAINE

Je ne t'aurai peut-être pas toujours ? Hier encore ; ce n'est pas vieux, tu m'as dit, rappelle-toi ! tu m'as dit, Clarisse, que les garçons, tu t'en moquais, que tu ne te marierais jamais. Rappelle-toi, Clarisse. Ma tarte aux prunes de saphir ! Mon beau feuillage !

CLARISSE

Mais enfin, je peux vouloir, moi aussi, faire ma vie...

LE CAPITAINE *se met debout.*

Tu plaisantes... Tu achèves de dépenser ton élan de comédienne... Attention ! Je ne suis pas Amédée. Amédée... Quel nom idiot !

CLARISSE

Je ne plaisante pas. Je veux faire ma vie.

LE CAPITAINE

Tu parles comme une bourgeoise, tout d'un coup, comme une femme. Faire ta vie... Mais toi-même, stupide enfant ! qui est-ce qui t'a faite ? Réponds. Qui est-ce qui t'a faite ? Ne réponds pas. Tu me dois la vie. Ce que tu es, ce que tu as, c'est à bibi que tu le dois.

CLARISSE

Peut-être, quelque jour, pourrai-je, en partie, payer cette dette. Je te rembourserai mes habits, mes repas...

LE CAPITAINE *saisit Clarisse.*

Et ça... cette chevelure, ces épaules, ces hanches, toute cette valeur veloutée de cadences, toute ton opérante merveille de gonzesse, tu me la rendras peut-être aussi, un jour...

CLARISSE

Je peux tout te rendre à l'instant. Étrangle-moi.

LE CAPITAINE

Que je t'étrangle ?... Morte, quel sens aurais-tu ? Non, chérie, non... Et puis, si tu mourais, si jamais tu mourais, je serais si malheureux... si malheureux. Ne me laisse pas. Quand je regarde tes yeux, tes yeux qui sont pareils aux miens, tes yeux qui sont les miens, même s'ils me résistent, je connais l'agréable péril, je savoure le délicieux malheur de languir après moi-même et de me désirer en toi. Tu m'aimes ?

CLARISSE

Je t'admire. Il serait difficile de ne pas t'admirer.

LE CAPITAINE

Tout à l'heure, tu m'as détesté. Je possède tout. Je contrôle tout. Tout. Sauf, en toi, quelque part, une onde, une lueur, qui glisse, qui m'échappe. *(Il se rapproche de Clarisse.)* Soyons calmes. Soyons mignons. Deux soldats de miel. Deux chevaux de sucre. Donnons-nous une poignée de mains avec la tête. *(Ils se touchent de la tête.)* Franchement, pourquoi me détestes-tu ? Je suis bon ! Je te dis que je suis bon !

CLARISSE

Bon !

LE CAPITAINE

Si je n'étais pas bon, péronnelle de mes rotules ! je ne serais pas là ! Si je n'étais pas là, le bonheur de boire chaud n'existerait pour personne, à bord, de boire chaud, ou de boire froid, ou de manger du homard, ou de se retourner dans sa couchette, le soir, avant le sommeil, sur un côté, sur l'autre, ha...

CLARISSE

Si tu n'étais pas là...

LE CAPITAINE

Vous ! Si vous n'étiez pas là...

CLARISSE

Si vous n'étiez pas là, il n'y aurait pas de soutiers, pas de gabiers.

LE CAPITAINE

Notre fier navire marcherait comment ?

CLARISSE

Après une heure de chauffe, les soutiers, tout brûlants, tout suants, la poitrine rouge, se jettent sous la manche à air glacée. Les gabiers, eux, quand la mâture penche à quarante degrés, que la toile est plus dure que la pierre, et que les planètes chavirent...

LE CAPITAINE

Les soutiers et les gabiers adorent leur métier. Jusqu'à présent, tu ne t'étais guère occupée d'eux...

CLARISSE

Si vous n'étiez pas là, ce jeune homme ne serait pas fusillé.

LE CAPITAINE

Enfin. Enfin ! Nous y arrivons ! Oh ! Nous avons pris notre temps. Nous avons louvoyé, caboté, lambiné. Maintenant nous arrivons. Nous touchons le port. Le jeune homme ! Amédée. *(Il le dessine dans l'espace.)* Squelette calcaire. Deux oreilles. Six mètres d'intestin. Le cœur. Le heu-heuheuheu. Le hihihihi. N'omettons pas les genoux. Le petit orteil. Riquiqui ! Je vous écoute, ma crotte[1]. Racontez-moi vite, bien vite, qu'il n'est pas comme les autres, lui. Elles sont immuables, les formules de la passion. Nous en avons assez ri ensemble. Cette fois je rirai seul.

Il rit.

CLARISSE *(elle s'abandonne sur la poitrine
du capitaine).*

L'orifice du rire en moi n'est point bouché. *(Elle rit.)* Tu vois... Rien n'est changé... Je suis fière de toi. Je suis pleine de toi. Tu sais le juste nombre des brins de chanvre de chaque cordage. Tu sais les écailles du poisson et les muscles du matelot. Tu sais les poils du crabe, les cheveux de l'oursin.

LE CAPITAINE

J'en sais bien plus encore. Mais je suis bien content que tu te souviennes de mon génie. Nous nous retrouvons. Fais-moi un bécot.

CLARISSE *s'écarte.*

J'ai les lèvres sèches.

LE CAPITAINE

Nous deux, ma vieille pomme[1] en nougat blanc, nous deux, notre place n'est pas dans le destin des autres.

CLARISSE

Les autres ?

LE CAPITAINE

Ceux de la terre ferme. Ceux de la terre. Les hommes. Ils germent, les hommes, ils crèvent. Sans arrêt. Comme des anchois. Ton Amédée n'est qu'un anchois.

CLARISSE

Même s'il ne dépend que de toi, s'il n'est, dorénavant, pour rien dans ce qu'il est, s'il ne reçoit que du talisman de tes galons la chance de vivre et la terreur de mourir, il souffre. Sa souffrance est à lui. Sa souffrance est sur lui.

LE CAPITAINE

Il n'a qu'à rejeter sa souffrance dans la souffrance générale. La mer est grande. Dans quelque sens qu'on la prenne, elle n'est que souffrance, famine, torture et démangeaison.

CLARISSE

Hypocrite ! Tu sais bien que la souffrance des hommes ne leur est pas moins immédiate, pas moins essentielle que leur chair. Ils ne peuvent pas la rejeter.

LE CAPITAINE

La souffrance, j'en vis. Nous en vivons. Réfléchis. Où crois-tu, dis-moi un peu, où crois-tu que je les trouverais les sous pour tes escarpins, pour tes cachemires, si je n'avais pas ce navire, ce règlement, les soutiers brûlants, les gabiers glacés et, de temps à autre, un imbécile qui se fait prendre. La fusillade judiciaire est la plus forte vacation où le Capitaine puisse prétendre.

CLARISSE

Deux mille six cent trente-trois francs.

LE CAPITAINE

C'est une somme. Tu ne trouves pas que c'est une somme ? Alors ? Ce bécot ? Je l'ai bien mérité, il me semble. Deux mille six cents et quelque, en deux heures, sec ! Tu ne bouges pas. Tu me regardes comme si j'étais un requin. Mais rappelle-toi ! quand tu me regardes, je me regarde. Tes yeux sont mes yeux. Tes yeux, mon amour, sont ceux du requin affreux.

CLARISSE

C'est vrai. Je suis ta créature. Tu m'as donné trop d'esprit. Tu m'as donné trop de toi. Trop d'esprit. Trop de toi. Trop de tout. Je suis toi. Non ! Non ! Je ne suis pas toi. Ma ligne est attachée à la canne de l'homme.

LE CAPITAINE

Mon nom, dans toute sa gloire, est écrit sur ton front. Ton front est le plus noble et le plus hautain de mes miroirs. Clarisse ! Clarisse ! Nous nous entendions si bien. Nous avons les mêmes yeux, le même humour. Nous avons le même polichinelle. *(Il contrefait Amédée.)* « Capitaine, je suis épris de Clarisse et j'ai l'honneur de vous demander sa main. » Nous avons le même cœur.

CLARISSE

Non.

LE CAPITAINE

Non ?

CLARISSE

Nous n'avons pas le même cœur. J'ai dans mon cœur la souffrance de l'homme. Écoute-moi bien. Si tu le tues, je me tue.

LE CAPITAINE

Tu n'es qu'une grue !

CLARISSE

Si Amédée meurt, je meurs.

LE CAPITAINE

Mais, foutue bougresse ! personne ici ne peut mourir... ma petite Clarisse... toutou adoré... toi, mourir... personne ici ne peut mourir sans que j'aie consenti.

CLARISSE

Eh bien ! Si je meurs, tu auras consenti.

TABLEAU SECOND

Toujours la cabine, Amédée joue aux cartes avec un gendarme. Parfois il se lève, nerveux. Le gendarme porte un grand bicorne. Il a un grand sabre dont la poignée lui sort des cuisses. Il a aussi de grandes moustaches et un baudrier blanc.

LE GENDARME

J'abats pique et je calotte la femme. À toi de jouer. Je te dis, c'est à toi de jouer.

AMÉDÉE

Je me demande ce que cela donnerait si, au lieu de roi, de valet, de dix de cœur, de neuf de trèfle, et ainsi de suite, il y avait, sur chaque carte, une parole. Religion, par exemple, fantaisie, agonie, machine, amour, trahison. C'est un jeu, notez, où l'on pourrait jouer seul. On étalerait à l'envers toutes les idées comme une patience, et on retournerait. Il y aurait des combinaisons étranges, des rencontres fécondes. Ensuite, il suffirait de transcrire, de développer. C'est peut-être ainsi, d'ailleurs, qu'ils s'y prennent, les philosophes, les penseurs. Dans leur petite chambre, les philosophes, je les vois en train d'étaler leurs cartes. Je les vois en train de tirer une carte. Matière ? Va pour matière. Ils en tirent une autre. Mort. C'est la carte, pour sûr, qui sort le plus souvent. La matière de la mort, ou la mort de la matière...

LE GENDARME

J'accepte de faire une manille pour tuer la nuit, mais je ne suis pas en humeur d'encaisser des couillonnades grosses comme ma cuisse. Déjà que ce n'est jamais folâtre, quelle que soit la saison, de veiller les morts, et toi, tu l'es, mort, vu que tu le seras dans une heure d'ici, vu qu'il est déjà quatre heures du matin, heure indue, et que les fusillés, c'est toujours à quatre heures que ça se passe. S'il faut encore les amuser, c'est toujours des morts que je parle, qu'ils sachent que je ne suis pas un carnaval, de sorte que, là où ils vont, maintenant c'est aux fusillés que j'en suis, mais, d'un sens, les morts et les fusillés, c'est quife quife[1]. Ils sont rendus pour le dîner de midi avec leur douze trous de balle dans la poitrine, ces obscènes. Je m'en va sommeiller une idée.

Le gendarme ferme les yeux et se met à ronfler.

AMÉDÉE, *battant les cartes.*

Tirons encore une carte. Puissance. Encore une. Légèreté. La mort de la matière... La mort matérialise... la mort matérialise la puissance de la légèreté... En effet, la mort permet de toucher du doigt l'inexistence de l'existence, la limpidité aérienne du bois, du fer, de l'homme, de tout ça... Ou bien la légèreté de la matière mortifie la puissance... oui... Ce qui voudrait dire que la matière du monde est à ce point légère, insignifiante, que ce qui s'y passe est sans importance, même les choses les plus graves, les plus éclatantes... *(Il jette les cartes.)* Le Capitaine est un ignoble dément. Mais moi, quel imbécile je suis ! Oui, j'avais encore cette bonne fortune. Il m'avait prévenu. Je suis tout de même tombé dans le piège. Sale crétin ! Avant de t'embarquer, tu te l'étais dit, pourtant, tu te l'étais répété que tout était à craindre, qu'il te fallait te méfier de tout le monde. De toi, oui, tu aurais dû te méfier, de ce crétin que tu es. Mais je ne pouvais pas le prendre au sérieux avec ses gendarmes, son protocole. *(Un temps.)* J'ai absorbé tout ce qu'il est possible d'absorber sur l'Amérique avant qu'elle fût l'Amérique. Je connais les langues, la géologie. Pauvre Amédée ! Mais la musique je n'y comprends rien — la musique de la vie. Il y a une note toujours qui m'échappe. *(Borborygme ronflé du gendarme.)* Mais ceux qui ont accepté de me mandater dans l'affaire du trésor mexicain, ceux-là... Ils étaient encore plus crétins que moi !

LE GENDARME

Les condamnés à mort jouissent d'un tas de facilités mais ils ne doivent pas fronder l'autorité. Je suis là pour te le rappeler.

AMÉDÉE

Comment ? Vous ne dormiez pas ?

LE GENDARME

Tes blasphèmes m'ont réveillé.

AMÉDÉE

Enfin, gendarme ! le pouvoir pris dans son ensemble et représenté par ce capitaine marchand, le pouvoir a-t-il le droit, sans se disqualifier, de provoquer des délits qu'il s'apprête à réprimer ? Sa responsabilité, dans ce cas, domine et absorbe celle du criminel. Le Capitaine m'envoie sa fille. Parfaitement, mon ami, sa propre fille, les cheveux, les pieds, les mains. Elle avait perdu son chat, censément, Mistigris — Mistigris ! — Mais ce chat, tout compte fait, je ne l'ai pas vu. C'était un rêve. Et, bien à propos, ensuite, on est venu chercher le Capitaine, bien à propos, de telle sorte que la petite et moi, ici même, il nous était permis de tout faire, question mamours, et, dans ces moments-là... vous avez tout de même un abdomen civil, militaire !... Vous savez comment ça se passe... L'homme commence. Il fait le coq. Il se lance. Il se fait mousser. Là-dessus, coucou ! Le Capitaine qui n'était pas loin, le Capitaine se ramène en criant : « Je vous y prends ! Demain, pan ! pan[1] !... »

LE GENDARME *rit*.

Le Capitaine connaît son affaire. Autrement, le bon sens ! il ne serait pas Capitaine. C'est des bougres calés, sur les bâtiments. Ils n'ont pas leur pareil pour les équivoques de la lune, les triangles, le calendrier. Toi, charogne, tu avais le mal en dedans de toi. Le Capitaine t'a chatouillé au bon endroit. Ton mal a mis le nez dehors. On va te moucher.

Le gendarme se remet à ronfler.

AMÉDÉE

Cette brute qui ronfle, ces cloisons vernies, cette lampe, cette bouée, cette bouée, cette lampe, ces cloisons vernies, et cette personne qui m'est bien plus proche que tout *(il se touche les mains, la poitrine, le front)* cette personne qui n'est autre que moi, pourquoi m'inquiéterais-je de ce qui peut lui advenir, maintenant que je suis sur le point de n'être plus là pour jouir de ses jouissances ni pour souffrir de ses souffrances ? Et pourquoi de cette personne-là précisément, de cette carcasse charnelle, et non pas d'une autre personne, d'une autre carcasse, pourquoi de cette personne entre toutes, de cette carcasse suante et glacée, je devrais me croire solidaire et non pas de telle autre, la carcasse du Capitaine par exemple *(il se saisit du chapeau du gendarme et s'en coiffe... la tête du gendarme apparaît chauve avec une belle frisure)* ou la carcasse du gendarme ?

LE GENDARME, *tout à fait immobile*.

Présent. Qui va là ?

AMÉDÉE

Vous !

LE GENDARME

Assis je suis. Je ne peux pas être debout.

AMÉDÉE

Vous n'êtes pas assis. Vous êtes debout. Vous n'avez qu'à me regarder. Regardez-moi. Je suis vous.

LE GENDARME, *soupçonneux*.

Le chapeau est bien à son poste, mais le reste

ne me satisfait pas. Je vais te secouer les oreilles, fumiste ! filou !

AMÉDÉE

Attention ! Si vous me touchez, c'est à vous que vous ferez mal. Maintenant, essayez toujours. Allez-y. Cognez. En attendant, vous allez me rendre ce chapeau.

LE GENDARME

Le chapeau ? Mais vous l'avez dessus.

AMÉDÉE

Mais non, couillon. Vous c'est moi. Sur votre tête il est, le chapeau.

LE GENDARME

Comment ? Sur ma tête il est ?

AMÉDÉE

Oui, sacrebleu ! puisque je suis vous.

LE GENDARME

Mais, alors, comment se fait-il que, là, tout de suite, vous me le réclamiez ?

AMÉDÉE

En vous le réclamant, j'agissais en mon nom, je veux dire en votre nom puisque je suis vous, puisque je suis le gendarme. *(Il crie.)* Je suis le gendarme !

LE GENDARME

Dans ce cas, comment se fait-il que vous le gardiez sur la tête ?

AMÉDÉE

Parce que vous me l'avez rendu.

LE GENDARME

Je vous l'ai rendu ? Moi ? Je n'ai pas bougé. Et si moi c'est vous, comment se fait-il, dites, que vous me disiez vous ?

AMÉDÉE

Parce que, c'est le gendarme qui parle, je me suis souvenu que, dans l'arme de la gendarmerie, on ne devait pas tutoyer les détenus, surtout quand ils sont lauréats de la Société de Géographie et chargés de mission par le Gouvernement.

LE GENDARME

Si vous êtes moi, dites-le-moi un peu, la date que nous avons touché Proserpine à la brigade de Villefranche (Haute-Garonne) et, aussi, la couleur de sa robe, à Proserpine. Là, je vous attends. Ha ! Ha !

AMÉDÉE

Comment pouvez-vous me poser une telle question ? Réfléchissez. Vous ignorez même l'existence de la jument Proserpine[1]. N'oubliez pas que vous êtes moi, que vous êtes le prisonnier.

LE GENDARME

Il a réponse à tout. Ah ! on a raison de le dire, la gendarmerie est une arme d'élite. Ils établissent des rapports du matin au soir, les bougres, et ça serait quoi, l'intelligence, sinon ça, justement, établir des rapports ? On peut aussi admettre que l'intelligence se confond avec la sensibilité mais, là, nous tombons dans Condillac.

AMÉDÉE

S'il vous plaît ?

LE GENDARME
prend l'accent d'Amédée[2].

Nous tombons dans Condillac. Vous n'avez jamais entendu parler du philosophe Condillac[3], naturellement. Ce serait trop beau.

AMÉDÉE
prend l'accent du gendarme.

Excusez-moi, mais il y a un Condillac, à Villefranche (Haute-Garonne). Il a concouru pour le grade de maréchal des logis. Il se saoulait un peu la gueule et il n'a pas décroché le galon.

LE GENDARME

Là, gendarme, vous inventez. Vous êtes de la brigade de Villefranche. Vous devriez savoir que pas un Condillac n'y compte à l'effectif. Mes relations et mes diplômes me mettent à même de vous en fournir l'assurance et, avant tout, parce qu'étant un homme je suis commun à tous les hommes.

AMÉDÉE *reprend sa propre voix.*

Quel cauchemar ! Quel délire ! Celui que nous sommes, celui entre tous que nous, les hommes, chacun nous sommes, restons-le, jusqu'à la mort. *(Il s'approche du gendarme et lui propose le chapeau.)* D'accord ?

LE GENDARME, *après avoir hésité.*

D'accord.

Il prend son chapeau et se rassied lourdement.

AMÉDÉE *regarde la mer par le hublot*[1].

La mer... La nuit... Trente ou quarante mille étoiles visibles... Toute cette force, toute cette abondance en moi, si je veux, par le regard, par l'esprit, par le gouffre du cœur. Et ce Capitaine charentonesque[2] me mènerait en bateau ? Je suis un jocrisse[3], un toutou. Après tout, il suffirait de parler haut. Gendarme ! Eh ! Gendarme !

LE GENDARME

Qu'est-ce qui te prend ? Résidu ! Tu te sens le besoin que je t'apprenne la délicatesse.

AMÉDÉE

Gendarme, je vous interdis de me tutoyer. J'ai pour oncle le colonel du troisième cuirassiers.

LE GENDARME, *au garde-à-vous*.

Alençon.

AMÉDÉE

Parfaitement, Alençon. Mon oncle a quinze galons. Cinq à chaque manche et cinq au képi, et je suis bon prince. Je ne compte ni ceux de la capote, ni ceux du bonnet de police, ni les tout petits du gilet. Je vous prie donc et, au besoin, vous requiers d'aller chercher le Capitaine.

LE GENDARME

Je serais reçu.

AMÉDÉE

J'ai des révélations à lui faire.

LE GENDARME, *se levant*.

Un gendarme n'est pas un chien.

AMÉDÉE

Allez. La nuit n'est pas achevée. La tortue de

mer va sortir des eaux et des ténèbres. Elle porte un capuchon à aigrettes. Sa carapace blanche est bosselée de petites pyramides. La tortue va se précipiter sur notre coque et notre coque éclatera. Alors le Capitaine et les gendarmes auront à se défendre des scorpions qui batifolent entre les pyramides de la carapace. Allez chercher le Capitaine. Vous voyez bien que le temps presse.

LE GENDARME

Le Capitaine porte une casquette plate. Cela lui permettra peut-être de comprendre.

AMÉDÉE, *seul*.

Prisonnier. Qu'est-ce que cela veut dire, prisonnier ? Que je suis enfermé par un fou dans une carcasse, dans une cabine, carcasse ou cabine prise elle-même dans une loi qu'il en coûta sûrement moins à formuler qu'il en coûterait pour la justifier. Prisonnier. Ce mot, pour la première fois, je le regarde. Pour la première fois, je le comprends. Que la vie soit une expérience et non pas, comme je le croyais, une carrière, il serait profitable, bien sûr, de passer par le plus grand nombre d'états ou de degrés, chacun établi par un mot. Pour l'instant, je suis le prisonnier. Je suis pris dans le mot « prisonnier [1] ». Et il convient que la prison soit réelle pour que le langage ait un sens. Et peut-être, après tout, pour que ce langage soit plus sensible encore, et que les fusils reçoivent la vie, leur vie instrumentale et vocabulaire, peut-être, pour de bon, va-t-on me fusiller. Mais moi, je souhaite disposer du loisir de peser et de méditer ce que mon séjour ici m'aura donné. Il faut, par conséquent, que je trouve le joint. Il faut que je m'esbigne en souplesse de cette cabine, de cette carcasse. Le hublot ? Déraisonnable. Le suicide ? Répréhensible. Le Capitaine ? Massacrer le Capitaine et s'emparer de sa casquette ? Attrayant. *(On frappe à la porte. Amédée se saisit de la pioche.)* Entrez, entrez, cher Capitaine.

> *Entre la Mexicaine. Brune, vêtements légers, gorge très offerte. Elle tient devant elle un long pistolet. Elle en menace Amédée.*

LA MEXICAINE

En l'air, les mains ! Tout de suite en l'air ! Ne criez pas. N'appelez pas. Autrement, je vous dévide.

AMÉDÉE

Je vous signale, ma belle ! qu'il y a une option sur moi. Le Capitaine m'a condamné à mort.

LE MEXICAINE

Nous ne disposons que de deux ou trois minutes. C'est cinquante fois plus qu'il n'en faut pour que je vous transforme en caca de chien.

C'est juste assez pour que vous me parliez du trésor de l'empereur Maximilien.

AMÉDÉE

Vous travaillez pour le gouvernement Juarez[1] ?

LA MEXICAINE

Juarez est un fils de tante et un perroquet mal rasé. Sa police, d'ailleurs, n'aurait eu qu'à vous mettre la main dessus à la Vera-Cruz, pas plus tôt que vous seriez arrivé. Moi je suis pour le colonel Mascaral[2], nuestro santo, nuestro jolito, le soleil en mouvement, l'espoir des cœurs propres.

AMÉDÉE

Votre colonel choisit mal ses amazones. Belle vous l'êtes, certes. Vous avez du feu. Mais vous arrivez tard.

LA MEXICAINE

N'essayez pas de me noyer de paroles. Le trésor ?

AMÉDÉE

Le trésor ? Vous avez bien dit le trésor ? Mais, pauvre de vous ! le trésor, tout le navire sait où il est. Hier soir, ici même, j'ai trompété, de toutes mes forces, des détails qui permettraient, sans erreur, de le retrouver. À côté, dans les cabines, on devrait se boucher les oreilles, tellement je criais. Je hurlais, pour mieux dire.

LA MEXICAINE

Qu'elle soit maudite, qu'elle soit mise en dehors du cycle des grâces, l'année où je fus conçue ! Qu'une mortelle calamité s'abatte sur la descendance de la femme qui me cisailla d'avec ma mère ! J'occupe cette cabine, je suis sur ce bateau exprès pour vous courir derrière mais, sainte corne de l'orteil de la Madeleine ! comment pouvais-je savoir que vous seriez aussi pressé de vous écouler par la bouche, aussi bobo ?

AMÉDÉE

Bobo ?

LA MEXICAINE

Oui, bobo. Ça veut dire nigaud. Ne m'interrompez pas, ou moi je vous noircis la cervelle, en supposant que vous en ayez une. Il parlait le trésor. Il soufflait le pastel. Et, pendant ce temps, moi, oh ! désolation ! je goûtais dans la salle à manger avec les autres femmes et lui, mais regardez-le, lui, sans égards pour moi, il bourdonnait comme un vent de jeune fille dans une bouteille et pendant ce temps... non décidément, trésor ou pas, je vous patafiole[1]... pendant ce temps, le colonel Mascaral, le plus généreux porteur d'éperons que jamais enfanta le melon d'une femme, il se morfond dans les marécages du Nord avec une trentaine de pouilleux, et, dans le portefeuille, pas même de quoi prendre tous ensemble le train pour Mexico ! S'il avait le trésor, Mascaral, ah ! la révolution, comme une figue, elle serait mûre, comme une figue. Mais le trésor, maintenant, il est perdu.

AMÉDÉE

Il est peu probable, vous savez, que le Capitaine et mademoiselle Clarisse aillent jusqu'au fond du Mexique se faire griffer par les ronces et piquer par les moustiques...

LA MEXICAINE

Ainsi, pour la fille du Capitaine, pour cette figure changeante, que ses mains sont comme des puces à cinq pattes, c'est pour cette omelette froide que vous avez compromis la cause proprement sublime du Mascaralisme. Je sens que je deviens un sorbet de fiel. Et si vous me dites que vous l'aimez, cette sangsue à tête de paille, si vous avez le malheur de me dire ça, je vous tue deux fois de suite, car l'amour est tout de même un trop magnifique gobelet de poivre pour que vous le mélangiez à des écolières en fromage blanc qui se croient qu'elles ont des droits sur les hommes parce qu'elles ont un couple de jambes dans leur crinoline et deux petites carottes sur l'estomac. Si vous connaissiez Mascaral, si vous pouviez vous rendre compte de l'étendue de ses talents politiques, vous comprendriez qu'une femme elle peut l'aimer jusqu'à la mort, jusqu'à la vôtre, de mort.

Elle appuie le canon de son arme sur la poitrine d'Amédée.

AMÉDÉE

Si vous me manquiez, vous seriez vraiment maladroite. Comment vous en servez-vous, de votre instrument ? Vous l'enfoncez dans le cœur des gens ?

LA MEXICAINE

Le Capitaine est une vieille ficelle, et sa fille un singe pervers. Ils s'empareront du trésor. C'est réglé comme le dos de la guêpe. Il ne faut pas que ce navire aille là-bas. Il faut qu'il fasse naufrage. Tous les deux nous nous sauverons dans une chaloupe. Il y en a une où j'ai fait mettre en secret, par un gabier, tout ce qu'il faut : chocolat, cigares, citrons, oreillers, couvertures[1].

AMÉDÉE

Et le naufrage ? Vous vous en chargerez du naufrage ?

LA MEXICAINE

Suivez-moi bien. Il y avait un dieu au Mexique autrefois, un dieu qui...

AMÉDÉE

Oui, Quoat-Quoat.

LA MEXICAINE

Caramba ! Vous le connaissez ?

AMÉDÉE

Si je le connais ! Il vivait et planait dans le gouffre où la pensée de Platon et de Socrate ne s'aventure jamais. Il avait besoin d'une nourriture de sang pour s'élever et s'abaisser dans les tubes entrecroisés du système géométrique où se ramifiait sa puissance.

LA MEXICAINE

Puisque vous êtes si fort, vous devez savoir, ça traîne dans tous les livres, qu'il s'était effacé depuis quelque temps déjà quand les conquérants sont arrivés. Il avait dit qu'il s'en allait du côté du couchant vers la mer, et qu'il en avait assez. Il avait laissé pourtant, dans le Mexique, cette pierre ronde, transparente[1]...

AMÉDÉE

Oui, la pierre glacée, qu'on appelle aussi l'obsidienne[2].

LA MEXICAINE

Cette pierre, elle était sa force, son image, et

quand Cortès il a débarqué, c'est une femme, et ça aussi, c'est dans les livres, c'est une femme comme j'en suis une, et comment reconnaître une femme d'une autre ? c'est une femme qui lui a donné un petit bout de cette pierre, à Cortès, mais il y en avait assez pour faire du mal ou du bien, beaucoup de mal ou beaucoup de bien, et quand Cortès[1]...

AMÉDÉE

Trente soldats... Quatorze chevaux...

LA MEXICAINE

Quand Cortès a rencontré, aux Pyramides, l'armée des rouges, trois cent mille hommes qui avaient des arbalètes mécaniques capables de lancer quinze flèches à la fois, il n'a eu, Cortès, qu'à élever la pierre dans sa main au soleil, et les rouges, miséricorde ! de proche en proche ils se sont cru que c'était Quoat-Quoat qui revenait de la mer et tout ce que leur a dit l'homme qui portait la pierre, ils l'ont fait. Ils ont mis feu à leurs flèches. Ils ont mis feu à leurs bibliothèques. Ils sont devenus du feuillage sec.

AMÉDÉE

Mais pourquoi Quoat-Quoat agissait-il ainsi contre son propre peuple ?

LA MEXICAINE

Les dieux passent chacun à son tour devant la fenêtre. Les navires de l'Est portaient des mâts avec un bras de bois cloué en travers. Le vent poussait la croix. Bref ce morceau de pierre, je le possède. On peut en faire, avec ! des opérations.

AMÉDÉE

Pourquoi ne vous en êtes-vous pas servie au Mexique ?

LA MEXICAINE

Au Mexique, ce n'est pas possible. Le sommeil est le sommeil. Quoat-Quoat dort si profondément qu'il ne ronfle même pas. En Castille non plus, ni dans votre pays, la pierre ne marcherait. Mais un navire n'est ni d'ici, ni de là. C'est un endroit qui n'en est pas un. Le bois vient du Nord, le fer vient du Centre, le chanvre du Sud, et les âmes, qui sait d'où elles viennent, les âmes ? Un prodige continuel resserre et maintient vivant le poisson. Un autre prodige, mais plus prodigieux que le premier, peut faire crever le poisson. Bueno ! Je jette la pierre dans la citerne des machines et le navire, il disparaît. Il se transforme en serpent de fumée. Ou bien il pète. Ou encore, il s'envole comme un soupir, le navire et son vieux chien de Capitaine avec sa casserole de fille, mais nous, de toutes façons, nous avons la chaloupe, parce que j'ai fait dessus avec la pierre, le signe de la sauterelle, et c'est même à cause de cela, et non pas pour le goûter, que je n'étais pas là, quand vous couliez par la bouche.

AMÉDÉE

Montrez-moi ce morceau de pierre.

LA MEXICAINE

Je me l'arrache pire que si c'était mon cœur.

Elle tend la pierre à Amédée.

AMÉDÉE, *examinant la pierre.*

Décidément, non.

LA MEXICAINE

Quoi, non ?

AMÉDÉE

Non. Je ne veux pas ! Je n'emploierai pas ce moyen.

LA MEXICAINE

Naturellement, licencié ! vous êtes un esprit fort. Vous croyez que ma pierre n'a pas plus de puissance et de vertu qu'une pierre. Moi, je porte quatorze accroche-cœurs, mais je n'ai pas une seule goutte de sang rouge dans le corps, je veux dire de sang indien. Je descends d'un compagnon de Cortès, oui, Monsieur, et il y a plus de dominicains dans ma famille que de poils sur la courgette de la fille de votre capitaine, et, pourtant, j'y crois, à la force de cette pierre. Elle me pèse. Elle me travaille.

AMÉDÉE

Je suis convaincu que les atomes de cette pierre sont chargés d'une énergie terrible. Mais, encore une fois, je refuse. Je ne serai pas sauvé par la pierre.

LA MEXICAINE

Comment ! Mais, visage d'homme ! tu ne comprends pas que le Capitaine te fousille[1] et que le trésor passe dans ses poches et que Mascaral continue à pourrir dans les moucherons, et tout ça parce qu'un licencié aura manqué d'estomac. Homme, petit homme, cette pierre, elle fera de toi le patron du navire. Le Capitaine, tu le dresseras. Tu jouiras de sa fille, et des créoles, et, si elles te plaisent, des femmes de chambre... Tu pourras rendre ce navire mille fois plus grand ou mille fois plus petit. Même tu pourras le faire courir sous les flots comme un lièvre dans le maïs. Tu pourras... Dis oui. Bouge un doigt. Bouge... Un mouvement que tu fais, mettons qu'il veut dire oui. Si tu dis non, mettons que ça veut dire oui.

AMÉDÉE

Je regrette, Mademoiselle.

LA MEXICAINE

Le Capitaine arrive. J'entends son pas. Décide-toi. Décide...

AMÉDÉE

Je suis désolé.

LE CAPITAINE

Vous m'avez fait appeler. Tiens ! Vous avez du monde ? Bravo ! la fleur du Mexique ! Mais n'oubliez pas, mon cher ami, que Clarisse et vous...

LA MEXICAINE

Dites-moi, Capitaine, ce brave garçon a des ennuis. Vous vous disposez à le faire un petit peu fousiller. C'est, du moins, ce qu'il m'a dit. Remarquez que je n'ai rien contre la fousillade. Tout le temps vivre, tout le temps vivre, à la longue c'est mortel. Mais, pourquoi vous le cacherai-je ? ça me faisait plaisir, de penser que pendant la traversée, j'aurais quelqu'un pour m'entretenir de ce que j'aime, de ce que nous aimons, lui comme moi, les vieilles pierres, les étoffes peinturlurées. Et puis, nous avons des relations communes, des gens du vieux temps...

Mais vous savez, dans ces vieilles gens, dans ces idoles du passé, il y en a qu'elles ont gardé un chien surprenant.

LE CAPITAINE, *vers Amédée.*

Ainsi, Monsieur, vous avez instruit Mademoiselle de la nécessité où j'étais de... Décidément, vous racontez tout, tout. Un secret, en somme, pour vous, c'est le boulevard des Italiens. On s'y promène. On y mange des oublies[1]. On y conte fleurette. Votre attitude ne saurait que me confirmer, s'il en était besoin, dans le sentiment que j'ai d'avoir pris, à votre endroit, la seule décision qui s'imposait.

LA MEXICAINE

Comme ça, vraiment, vous songeriez à me priver de mon danseur ? Je l'appelle mon danseur, mais nous ne dansons pas. Nous parlons. Il est si compétent.

LE CAPITAINE

Je vous parais en user sans galanterie. Mais considérez que j'exécute le fiancé de ma fille. Ne me blâmez pas. Plaignez-moi.

LA MEXICAINE

Votre fille est bien mal partagée. Un fiancé tout troué, tout mouillé. Moi, cocagne ! je n'ai pas de fiancé. Il faut dire que, dans les hommes, la jeunesse me déçoit. Même s'ils sont savants, les jeunes, que savent-ils. Regardez celui-là ! Je préfère les joues grises, les mains culottées. Il y a beaucoup plus de sucre dans des mains qui ont longtemps tenu les rênes et le fouet, ou le gouvernail et le compas. Elles ont peur, ces mains, de faire de la peine, autant qu'elles ont peur, pauvres ! qu'on leur en fasse.

LE CAPITAINE

L'expérience, en effet, garantit la droiture.

LA MEXICAINE

Vous avez des mains intéressantes, monsieur le Capitaine. On voit qu'elles ont beaucoup servi, qu'elles ont fait de grands ouvrages. Vous voulez bien que je regarde dedans ?

LE CAPITAINE

Hé ! Hé ! Vous me chatouillez. Je connais le truc. Les lignes que vous n'avez pas, la sorcière vous les dessine avec le bout de son ongle.

LA MEXICAINE

J'aime vos mains, mais j'aime vos deux grandes barbes. Pourquoi ne pas porter la moustache, ou, alors, de tout petits favoris, tout petits et silencieux comme des pieds ? Ces grosses choses de poil sur les oreilles me rappellent, vous savez quoi ? des défroques de pénitents pendues par les talons.

LE CAPITAINE

Il ne faut pas médire de la pénitence, en présence, surtout, de ce garnement. La pénitence est comme l'artillerie moderne. Elle porte loin. Si ces effets vous sont invisibles, n'en concluez pas qu'ils n'existent pas.

LA MEXICAINE

La pénitence est faite pour ceux qui sont déjà dedans, dans la pénitence, les vieillards morveux, les malades, les prisonniers. Moi, je ne me suis jamais repentie. J'ai toujours foncé, foncé. Quand la vie ne veut pas s'ouvrir, on la brise. Mais la vie s'ouvre toujours. Il suffit d'un peu de chaleur. Vous me trouvez à quatre heures du matin dans la cabine de cet homme. Vous auriez pu me trouver dans une autre cabine. Je connais le bateau jusque dans les pyramides de cordages au fond du quatrième sous-sol. Et la cabine du Capitaine, je m'y rendrais les yeux fermés, les yeux fermés, les doigts ouverts. Je sais que le fin bout des écoutes des grandes voiles, vous l'avez amarré au pied de votre lit.

Elle est tout contre le Capitaine.

LE CAPITAINE

Mademoiselle... Comprenez bien... Moi, les femmes... Je m'occuperais plus volontiers des étoiles. Le sextant[1], à moi, c'est mon...

LA MEXICAINE

Je raffole, sur vous, de cette odeur de sel, de soufre charbonneux et de commandement.

LE CAPITAINE

Pardonnez-moi. Il se pourrait que je manque d'usage. Les jeunes femmes ont du charme. Je leur préfère une bonne tempête.

LA MEXICAINE

Et tu m'appelais la fleur du Mexique ! Une fleur, ça se cueille ! Attendre ne vaut rien. Je sens dans mes globes le dur de tes boutons de cuivre. J'aurai tes ancres gravées sur moi, Capitaine. À de telles traces on reconnaît les femmes atteintes du mal de mer, du mal d'aimer les hommes de la mer.

LE CAPITAINE

Mademoiselle, nous sommes, naturellement, disposés à tout faire pour le confort des passagères de première classe, mais moi, n'est-ce pas, je suis le Capitaine. Mes fonctions sont absorbantes. Il faut soigner l'un, fusiller l'autre. Voyez...

Voyez le maître d'équipage... Ou le mécanicien. Il a l'habitude des flammes. Voyez... Je ne sais pas... Il y a des hommes à bord. Voyez, en bas, les types qui distribuent le matériel. Ils connaissent le langage des rats... Le dialecte des chattes. Ce sont pour la plupart des sexagénaires, ces braves soutiers... Vous qui avez un faible pour le poil gris...

LA MEXICAINE

Le Capitaine est-il différent des hommes ?

LE CAPITAINE

Le régime du Capitaine, jeune femme, c'est le carême. Oh ! il aime que l'on s'amuse autour de lui, et rien ne lui plaît tant que d'imaginer, sous la table de la salle à manger, les pieds des messieurs et des dames se frottant, se montant l'un sur l'autre — pardon, des dames et des messieurs. Mais goûter au cru, tâter du flanc, cela lui est interdit organiquement. Nous avons un règlement. Et à propos, ce jeune homme devait me parler.

AMÉDÉE *remet au capitaine*
la pierre magique.

Capitaine, je dois vous remettre ceci, que Mademoiselle m'a confié.

LA MEXICAINE

Oh ! le porc. Oh ! le fils de tante ! Ma pierre ! Oh ! le porc. Pour essayer d'avoir ta grâce, tu me trahis, mais tu ne l'auras pas, ta grâce. Cet autre fils de tante t'arrachera les ongles, et te percera la rate et la tripe, et te canonnera le robinson baveux.

LE CAPITAINE, *au gendarme*.

Conduisez la segnorita dans sa chambre. Fermez-la bien.

Le gendarme sort, emportant la Mexicaine, laquelle agite de belles jambes brunes et nues hors des jupes secouées.

AMÉDÉE

Je vous prie de bien noter, Capitaine, que si je vous ai remis cette pierre, ce n'est pas pour acquérir je ne sais quel droit à votre indulgence. Il est bien évident en effet que, dans toute cette pantalonnade[1], votre indulgence n'a pas à s'exercer. Je m'en serais voulu, seulement, de prêter la main à quoi que ce fût contre votre autorité, contre la sécurité du navire.

LE CAPITAINE

Je vous remercie. Le *Mirmidon*, bien sûr, tient le coup, mais on ne doit rien négliger. Je me disais, aussi, nous penchons un peu sur tribord.

C'était ça, évidemment. *(Il regarde la pierre par transparence.)* Toujours ce vieux serpent. Maintenant, il a des plumes[1]. Vapeur à voiles et serpent à plumes sont deux compères. Mais ils peuvent se tirer dans les jambes. Je vous remercie, mon fils. *(Il tire sa montre.)* Il est quatre heures moins le quart. À cette heure-là, d'ordinaire, j'ai le meilleur de mon sommeil. Enfin, dans quelques minutes, tout sera fini. Vous serez tranquille, et moi aussi. Les gendarmes, déjà, sont rangés sur le pont.

AMÉDÉE

Vous pensez vraiment aller jusqu'au bout ? Écoutez-moi, Capitaine. Vous avez eu affaire dans votre carrière à des aventuriers, à des ruffians[2]. Leur disparition, au fond, n'aurait alarmé personne. La mer pour vous, je le comprends, c'est comme une rivière. Elle se jette à la mort. Les gens au visage de travers, au métier louche, j'admets que vous les regardiez comme des épaves, comme des ombres. La mer est la soupape de la société. Qui n'approuverait votre zèle à nous débarrasser des membres cariés, des enfants maudits ? Mais vous et moi, comprenez-le, nous sommes du même bord. Vous connaissez mes titres. J'appartiens à une vieille famille tourangelle.

LE CAPITAINE

Tourangelle ou bourguignonne, une famille est une famille. S'il fallait s'arrêter à de tels arguments !

AMÉDÉE

Papa est notaire à Richelieu. Mon oncle est colonel. Une de mes tantes finit sa vie comme bibliothécaire d'un couvent de trappistines, dans le Lot. Vous voyez qu'on a du répondant. Ici, sur ce beau vapeur à voiles, vous êtes le maître. Vous l'êtes peut-être avant Dieu lui-même, mais là-bas, en France, mon décès, je vous assure qu'on le prendrait très mal. Cela ferait un vide[1], et puis beaucoup d'écume. Je m'explique. Mon père a fait ses études avec le duc de Morny[2]. Jugez ! Cette sale mission, c'est par relations que ça s'est passé. Ça s'est organisé comme ça, dans des conversations. — Vous avez un grand fils ? Qu'est-ce qu'il fait ? — Mon Dieu, il réussit assez bien, l'archéologie, les langues. Mais il est très actif. Il aimerait voyager. — Pensez-vous que le Mexique le tenterait ? — Bref, je suis exactement le contraire d'un acrobate, d'un évaporé. Je suis ce que l'on appelle un fils de famille. Et je m'en glorifie. Je comprends parfaitement votre jeu...

LE CAPITAINE

Si vous croyez que je joue. Ne voyez-vous pas que j'ai les yeux pleins de larmes.

AMÉDÉE

Je me suis mal exprimé. Je comprends que vous avez voulu m'éprouver. Je réfléchis à ce qui s'est passé. Tout m'apparaît clair. Vous m'avez soumis à une épreuve. Vous m'avez infligé une leçon. Clarisse a manœuvré comme un maître d'armes. J'aurais dû me taire. J'aurais dû me garder. Vous m'avez démontré que je n'étais qu'un apprenti. Toute une nuit, vous m'avez contraint à me démener dans ma présomption humiliée. Grâce à vous, mon père, j'ai, en quelques heures, vécu mille fois plus que dans un nombre égal de journées et même d'années. J'ai songé à me tuer. J'ai songé à vous tuer. Vous avez fait de moi un meurtrier, mais tout est bien qui finit bien ! un meurtrier sans malice et dont les mains restent pures. Mes crimes imaginaires m'auront valu, dans l'épiderme de l'âme, ces ampoules qui finalement endurcissent les tissus. Au cours de cette nuit, avec ce gendarme... Au fait, où est-il ?

LE CAPITAINE

Il s'est rendu auprès de son chef. Il va revenir.

AMÉDÉE

... avec ce gendarme qui dormait, comme si la mort ni l'angoisse ne le concernaient, lui, et qu'il fût, lui, pauvre idiot ! protégé par son sabre, par son chapeau, alors que, dans mon insomnie lucide je savais, moi, qu'il finirait à l'hospice, couché dans son immondice et paralysé du haut en bas, ou bien qu'il recevrait bientôt, dans le bas du ventre, le coup de pied de Proserpine ou de Cassiopée, de sa jument, quoi[1] ! et que son urine se mettrait à lui couler dans les veines, et que son corps jaunirait et se flétrirait, et que quelqu'un lui dirait : « Pas possible, tu le fais exprès de puer comme ça » — parce que, vous savez, on ne se trompe jamais quand il s'agit de prévoir les avenirs humains, il suffit d'évoquer lézarde et pourriture — je me disais que ç'aurait été intéressant d'essayer de s'évader de ce navire, de ce système, de s'évader non seulement de la vie mais de la mort, et des hommes et des femmes, et de la terre et de la mer, et des berceaux et de la tombe, et du soleil et de la lune, de passer, vous voyez ce que je veux dire ? de passer sur un autre navire, dans un autre univers, de m'en aller de l'univers de Dieu... Elle travaillait ma tête... Une vraie chaudière...

LE CAPITAINE

S'en aller de l'univers de Dieu... Je vais vous raconter une histoire. Il y a vingt ans, sur la ligne de Pernambouc, un matelot m'avait volé ma montre. Qu'est-ce que vous en dites ? Poursuivi, à bord, il s'était réfugié sur la troisième vergue, à quarante-quatre mètres du pont. Il faisait un temps de cochon noir. L'homme avait son couteau, et défense d'approcher ! À la fin !...

AMÉDÉE

À la fin ?

LE CAPITAINE

À la fin il me tendit le poing et puis, de là-haut, il se flanqua dans le bouillon. C'était un brave. Nous poursuivîmes notre route vers l'Amérique. Il se trouva que, peut-être une heure plus tard, une goélette portugaise, qui rentrait en Europe cahin-caha, recueillit mon artiste. Il était donc sauvé. Sauvé de l'océan. Sauvé du règlement. Or, à deux milles de là, il y a de ces hasards ! la goélette se fait prendre dans un cyclone, je ne vous dis que cela, quand les oiseaux, les poissons, et même des morceaux de bois volent en rond comme les chevaux dans un cirque. Nous, nous étions dans l'anneau du cyclone. Pour éviter de me laisser aspirer par le gouffre central, je me tenais au plus près de la bordure, là où les eaux sont calmes. Et trois fois, mon cher, trois fois, nous l'avons vue passer, la goélette portugaise. Elle filait presque aussi vite qu'une balle de fusil. En tournant, elle perdait ses mâts, ses bordages, ses matelots. Quand le cyclone s'est apaisé, que tout est devenu propre, limpide, brillant, la Portugaise nous apparut immobile à trois encâblures de nous. Elle se présentait exactement comme une péniche, toute pleine de bonne eau de mer, avec juste deux doigts de flottaison, et, sur le pont, le seul type qui restait là-dessus, mon voleur, mon révolté. On est allé le chercher avec la chaloupe. Je lui fis couper les jambes l'une après l'autre à coups de hache, au ras de la cheville. Ensuite, on le pendit. Mais quel homme ! Baudelaire. Il s'appelait Baudelaire[1]. Quel homme c'était !

AMÉDÉE

Oh !

LE CAPITAINE

Oui... Le règlement, — toujours lui ! le règlement prévoit ce traitement pour celui qui aurait volé la montre du capitaine. Il ne m'aurait volé que mon pantalon ou mon portefeuille, il n'encourrait que quelques heures de fer. Je lui en aurais fait grâce bien volontiers. Il en avait suffisamment roté, comme on dit. Et, dans ce cas, le droit de grâce nous est concédé. Mais ce satané règlement, impossible de le tourner. Les pantalons ? Enfantillage. Le portefeuille ? Colifichet. Mais la montre du Capitaine ? Ah ! Ah ! Pendu !

AMÉDÉE

Je suis perdu. Mon père... ma mère... Que vont-ils dire ?... Et puis, je ne sais pas ce que c'est que la mort. On ne m'a rien appris sur elle. Je n'en puis plus. Je suis à bout. Je n'ai pas l'habitude. Je n'ai plus la force… Vous avez l'âge de mon père. Vous portez un bon vêtement, si bien boutonné, si rassurant. Tirez-moi de ce pétrin. Sauvez-moi.

LE CAPITAINE

Mais bien sûr ! Mais tout de suite ! Mais comment ? Le commissaire a déjà rédigé le procès-verbal.

AMÉDÉE

Voyons ! On peut le déchirer. Ce n'est jamais que du papier.

LE CAPITAINE

Les mousquetons sont chargés. Les gendarmes, sur le pont, sont alignés. Si cela pouvait vous aider en quelque manière, je mourrais avec vous, mais vous n'en mourriez pas moins, et pour ce qui est…

AMÉDÉE

Tonnerre ! J'en ai assez. Je ne reconnais pas votre autorité. Votre procédé empeste l'anomalie. Je me demande à quelle espèce de pirate ou de filou j'ai affaire.

LE CAPITAINE

Pirate ? Filou ? Pensez-vous, vraiment, que j'aurais pu organiser autour de moi la complicité de tant de personnes ? Ce ne serait plus un bateau, ce serait un théâtre.

AMÉDÉE

Mettons que vous soyez pour de bon le Capitaine d'un véritable navire. Au-dessus de vous, là-bas, sur la terre, il y a le souverain[1].

LE CAPITAINE

C'est exact. Au-dessus de moi, il y a le souverain *(la main à la casquette, il salue le portrait)*, mais au-dessus du souverain, tout puissant, certes, mais lointain, théorique, éparpillé, il y a qui, de nouveau ? le Capitaine, pardi ! le Capitaine bien vivant, avec sa bonne figure, ses favoris, son étoile, son règlement. Il faut venir maintenant. Ces braves gendarmes là-haut vont finir par s'enrhumer.

AMÉDÉE *s'empare du pistolet.*

Vous ne le raconterez pas, saligaud ! ce qui va se passer, ce n'est pas vous qui le raconterez.

> *Le gendarme, rentré en scène depuis quelques minutes, lui arrache l'arme à feu après une lutte dansante*[2].

AMÉDÉE, *en proie à une sorte de crise de nerfs, continue à crier.*

Vous ne le raconterez pas... Vous ne le raconterez pas.

Le gendarme maintient le jeune homme.

LE CAPITAINE

Regardez-moi ça ! Une vraie soupe au lait ! Il ne vous a pas fait mal, gendarme, au moins ? Maintenant, en avant ! Nous avons déjà perdu cinq bonnes minutes.

Les trois hommes vont atteindre la porte. La porte s'ouvre. Pénètre madame Batrilant, la Bordelaise, mûrissante, péremptoire.

MADAME BATRILANT

Arrêtez ! Cet homme est innocent.

LE CAPITAINE

Innocent ! Comment le serait-il ? J'ai veillé, scrupuleusement, moi-même, à la consommation du délit.

MADAME BATRILANT

Cet homme, ce jeune homme, plutôt, n'est pas coupable.

LE CAPITAINE

S'il n'est pas coupable, qui sera coupable ? L'adjudant de gendarmerie, là-haut, trépigne. Et moi-même, chère Madame, quelle que soit ma déférence pour votre personne et mon estime pour la grande maison d'absinthe que vous représentez si crânement, je ne peux que blâmer, en l'occurrence, votre légèreté. Légèreté, le mot n'est pas trop fort. Il s'agit de la vie d'un homme. Vous ne vous êtes tout de même pas figuré que vous pourriez, par je ne sais quels prestiges ou quelles intrigues, soustraire cette vie à ce qui pour elle fut décidé.

MADAME BATRILANT

Je vous répète qu'il n'est pas coupable. Je suis un homme d'affaires vous le savez. Je sais quand un mot est là pour la forme et quand au contraire il correspond au réel. Pour que ce garçon fût coupable, il faudrait d'abord...

LE CAPITAINE

Il faudrait d'abord ?...

MADAME BATRILANT

Capitaine... Dites-moi... Quelqu'un qui n'est pas lui-même peut-il être condamné pour ce qu'il a fait alors qu'il croyait qu'il était lui-même.

LE CAPITAINE

Je ne comprends pas. Que voulez-vous dire ?

MADAME BATRILANT

Dans mon métier, forcément, on acquiert des notions de droit... Ce pauvre enfant ! Voyez comme il tremble...

AMÉDÉE

Mais je ne tremble pas.

MADAME BATRILANT

Il faudrait qu'on lui serve une tasse de chocolat[1]. N'ayez pas peur, mon mignon. N'ayez pas peur... Tout va s'arranger.

Elle parle à l'oreille du Capitaine.

LE CAPITAINE

Quoi ? *(De nouveau, elle lui parle à l'oreille en montrant Amédée. Le Capitaine tire sur un de ses favoris, et rejette sa casquette en arrière.)* Vous en êtes sûre ? Vous pourriez le prouver ?

Madame Batrilant ouvre son réticule. Elle en sort avec promptitude des papiers qu'elle montre au Capitaine.

LE CAPITAINE

Le cachet secret du ministre... La signature... Mais je ne distingue pas le filigrane... Ah ! pardon !... Oui... C'est bien la feuille de lierre, la tête de chien... Tout ceci me paraît parfaitement en règle.

MADAME BATRILANT, *vers Amédée.*

Rassurez-vous, mon petit ami. Après la pluie, le soleil... Après la fusillade, un bon chocolat !

AMÉDÉE

Vous me parlez comme si j'avais douze ans.

LE CAPITAINE

Mon cher enfant, vous avez droit à des éclaircissements. Les documents qu'on vient de me communiquer sont d'une importance décisive. Je dois m'incliner. Je le fais avec joie. Vous n'êtes pas celui que vous croyez.

AMÉDÉE

Je ne suis pas celui...

LE CAPITAINE

Vous n'êtes pas l'agent secret chargé d'aller récupérer le trésor de Maximilien. Le véritable agent...

MADAME BATRILANT

Le véritable agent, oui, mon beau, c'est moi. On vous a lesté, à votre départ, de renseignements de pacotille. Le trésor de Maximilien, dix millions tin tin, vous ne pensez pas, sérieusement, qu'on allait, comme ça, le confier à quelqu'un qui peut être aussi calé, aussi bien élevé qu'il voudra, mais qui n'a jamais vu l'ombre de la queue du diable. Vous sauriez où il est, le trésor, et sous quelle forme il se présente, vous seriez bien étonné. Abrégeons. On vous a lancé dans cette aventure pour attirer sur vous, le cas échéant, les soupçons des affidés de Juarez, ou les mauvais coups de ruffians travaillant à titre privé.

LE CAPITAINE

Et pendant ce temps, le véritable agent, débarrassé de ces frelons, poursuivrait, paisiblement, sa mission. Vous le voyez, mon cher enfant, vous aviez tort de m'en vouloir. Le règlement, désormais, vous ne le maudirez plus. Reconnaissez que, sans les frayeurs qu'il vous inspira, vous n'auriez pas connu cette joie, qui, maintenant, est la vôtre, de vous retrouver intact devant la merveilleuse suite de jours de la traversée et de la vie...

AMÉDÉE

Elle est merveilleuse, la vie ! Elle fabrique, à tire larigot, des clématites[1] et des paquebots, des squelettes et des chevelures. Il fallut du courage, tout de même, pour s'y mettre dedans, pour entrer dans la vie, dans cette bouche de fleurs graisseuses, dans cette caverne à hélices, dans cette forteresse de Dieu... Maintenant, dure... dure... mon ami, mon petit ami si gentil, si joli ! dure, persiste dans ton insanité. La mer et ses prairies intimes d'algues roses, la grande mer qui fait hou hou avec ses bras, comme pour étonner les écrivains, les amiraux, la grande mer je ne la trouve pas si grande. Je la vois, tout d'un coup, petite, si petite, une aïeule rabougrie, assise autour du bois mouillé de l'épave d'un mât, et la pointe des sabots répond à la corne du menton, et la mer, dessinée par les rivages, a toujours le même profil, celui de cette aïeule sordide, de cette brute excrémentielle, et je me tiens à quatre pour ne pas l'envoyer dinguer contre le mur de sa tanière, elle et son crachat monotone où seul se peut laisser prendre un moucheron du fromage, elle et ses yeux bleus dans sa face en peau de rat. La première fois qu'on la voit, la mer, on peut en recevoir un coup. Mais elle est immobile, au fond, comme la chronique des morts. Elle nous sert toujours les mêmes tempêtes, les mêmes odyssées, la même langouste mayonnaise. Elle peut crever !

LE CAPITAINE

Mais qu'est-ce qui lui prend ?

MADAME BATRILANT

Le sang réagit. À certains, dans des cas analogues, des boutons viennent sur tout le corps. Je ne serais pas surprise qu'il en ait déjà sur la poitrine. Vous devriez vous défaire un peu que je voie…

AMÉDÉE

Ce qui me prend ? Je vais être fusillé. Je déprécie la vie à l'instant de la perdre.

LE CAPITAINE

Fusillé ? Il n'a rien compris. Écoutez-moi bien.

MADAME BATRILANT

Ce n'est pas vous l'agent secret.

LE CAPITAINE

Vous, vous êtes un homme de paille.

MADAME BATRILANT

On vous a donné des taraillettes[1]. Les taraillettes, chez moi, ce sont des bricoles en terre cuite, des amusettes, quoi ! Elles représentent des ustensiles de cuisine, et aussi des chiens ou des coqs. On le donne aux enfants. Les grandes personnes font la soupe dans des vraies marmites. Les taraillettes, c'est pour jouer.

LE CAPITAINE

Taraillettes, taraillettes !

MADAME BATRILANT

Homme de paille ! Petit jeune homme de paille.

Ils dansent autour d'Amédée.

AMÉDÉE

Vous voulez dire que... que c'est fini... que vous ne me fusillez plus ?

MADAME BATRILANT

Enfin ! Nous y sommes ! Non, on ne te fusillera pas. Tu vas te mettre au lit et tu vas faire un bon gros sommeil. Il n'y a pas à dire, il est tout chaviré. Tu vas faire un bon gros sommeil, et après tu ne penseras plus à toutes ces vilaines histoires.

LE CAPITAINE

Je vais vous faire apporter un chocolat soigné, avec du biscuit et de la marmelade. J'avais commandé, pour nos chers gendarmes, cette collation matinale. Vous en profiterez. J'ajouterai, pour vous, une belle grappe de raisin de Corinthe.

AMÉDÉE

Capitaine... Madame... Mes amis... Pardonnez-moi... Je ne trouve plus les mots... Merci... Je ne peux rien dire d'autre... Merci... Vous êtes bons... J'ai eu peur... Je peux bien le dire... J'ai eu peur... Ça m'ennuyait, n'est-ce pas ? ça me désespérait de perdre la vie, de n'être plus là pour répondre à mon nom, et ça m'ennuyait aussi pour le reste. Pour le latin, pour le grec, pour l'espagnol, pour tout ce que j'ai appris, tous ces verbes, transitifs, déponents, tous ces poètes, tous ces philosophes qui, si j'avais dû mourir, n'auraient plus existé, seraient retombés, plouf ! dans la cuve noire. Et ça m'ennuyait, aussi, ça me déchirait le cœur, pour ces paysages que j'ai tant regardés, pour des toits de ferme, par exemple, là où la Touraine devient le Poitou, et pour un tas de détails qui ne dépendent que de moi. La crinière du petit cheval qui parlait — nous disions qu'il parlait ! Le tablier blanc de la crémière de Bellevue. L'odeur de la classe de maths, au lycée. Ah ! Je suis content que ça n'ait pas eu lieu, le... la... pan !... pan !... J'écrirai à mon père, Monsieur. Je lui dirait combien vous avez été bon. Sans vous...

LE CAPITAINE

Je n'ai rien fait. Je n'aurais rien fait, jamais, qui fût contre mon devoir. Mais je suis indiciblement heureux que ce devoir coïncide avec votre salut. Maintenant, je vais relever mes gendarmes. Ils doivent être gelés. C'est assez plaisant, d'ailleurs, ces militaires alignés là-haut sous les étoiles avec une balle dans le canon. Je ne sais pas trop comment je vais les consoler de leur bredouille[1]. Reposez-vous bien, mon jeune ami.

MADAME BATRILANT

Déshabillez-vous vite. Je reviendrai vous border[2].

AMÉDÉE

Merci, merci. Capitaine, un mot encore... J'ai la tête un peu embrouillée. D'ordinaire, pourtant, je saisis rapidement les questions... Vous sembliez, tout à l'heure, admettre que l'on n'est pas responsable de ce que l'on a pu faire, de bonne foi, en qualité de ceci ou de cela, quand cette qualité, comme on a pu s'en apercevoir par la suite, était mensongère, usurpée. Il me semble au contraire que la conviction où vous vous trouvez de représenter tel ou tel personnage, elle vous engage, au moins moralement, pour tout ce que vous ferez au nom de ce personnage. Si, croyant tuer quelqu'un dans son lit, je ne poignarde que son traversin, je suis tout de même un assassin.

MADAME BATRILANT

En attendant, votre traversin vous attend.

LE CAPITAINE

Vous soulevez un point de droit intéressant. Considérez cependant que votre délit n'était concevable qu'autant que vous le commettiez comme agent secret. Or, vous n'êtes pas cet agent secret. Vous seriez même plutôt le contraire.

MADAME BATRILANT

Il se comporte comme un enfant. Il ne sera content que lorsqu'il aura démonté le mécanisme. Il se brise lui-même les ongles à essayer de forcer les spirales. Et je te fouille... Et je te tripote... Et, pendant ce temps, le sommeil languit.

LE CAPITAINE

Évidemment, j'aurais pu vous faire fusiller pour accréditer la fable de votre mission, de votre prétendue mission. Mais j'aurais commis un abus de pouvoir. Et puis, jusqu'à nouvel ordre, on ne bombarde pas les civils.

AMÉDÉE

Je vous trouve bien prompt, Capitaine, à traiter ma mission par-dessus la jambe. Je vous avertis que votre point de vue diffère du tout au tout de celui des hommes les plus éminents, les plus considérables, qui mirent en moi leur confiance, et qui prendraient très mal, j'en suis sûr, votre mépris à l'égard du choix qu'ils ont fait.

MADAME BATRILANT,
brandissant ses papiers.

Mais montrez-lui donc la lettre personnelle du ministre. Expliquez-lui la signification des timbres, du filigrane. Il y croit toujours, à son trésor !

AMÉDÉE

Ces papiers ne m'intéressent pas. Je ne connais pas cette femme. Elle pue à quinze pas l'absinthe truquée.

MADAME BATRILANT

C'est de moi que vous parlez comme ça ? Moi qui, de moi-même...

AMÉDÉE

Capitaine, j'ai une mission à remplir. J'en ai accepté les risques en même temps que les privilèges. J'aurais, de gré ou de force, subi votre injustice. Je n'accepterai pas votre clémence. Je veux arpenter jusqu'au bout mon propre chemin. Je repousse la tentation bifurquée. Un homme est un homme, mais non pas deux hommes ou dix hommes. Si je ne meurs pas, je ne vivrai plus. Ce sera un autre à ma place qui vivra, qui vivra sous ma peau, dans ma tête, entre mes jambes, entre mes bras, mais il ne sera plus moi, et comment l'aimerai-je et le supporterai-je ?

MADAME BATRILANT

Mais, mauvais sujet ! puisqu'on vous dit que le trésor...

AMÉDÉE

Capitaine, cette femme n'a rien à faire dans ma cabine. L'exécution était fixée à quatre heures. Je croyais l'exactitude de règle dans la marine.

LE CAPITAINE

Mais, fichu clampin ! quand le Capitaine lui-même vous certifie, preuves en mains, la validité de votre carence, ou, si vous préférez, de votre absence, j'entends de votre absence juridique dans le débat qui nous occupe, vos scrupules doivent disparaître. Ils le doivent.

AMÉDÉE

Le Capitaine a raison, même si le Capitaine lui donne tort. Peut-être, après tout, y a-t-il deux Capitaines, avec les mêmes favoris, la même casquette, la même étoile. Mais le second serait plus mou, plus gris, plus terne. C'est au premier que j'obéis. Écoutez...

MADAME BATRILANT

Je n'entends rien.

AMÉDÉE

La gendarmerie s'impatiente. Elle fait résonner le pont sous ses talons. Écoutez. La mer, tout inquiète, se demande ce qui se passe et si les poissons ne vont pas cesser de se succéder sans relâche comme des dieux dont le silence enfermerait, dominerait tous les discours. Écoutez... La terre interroge le ciel. Le soleil, demain, se lèvera-t-il ? Toute cette crainte est fondée. Qu'une rémission soit accordée, que la mathématique générale du rendez-vous de la personne avec son essence et de notre âme avec la tragédie bronche sur un seul point, tout le système s'écroule ou, tout au moins, se modifie. Quoat-Quoat ressuscite. Le soleil, comme un serpent écarlate, se met à glisser, non plus dans les airs, mais sur la terre, en ingurgitant au passage la chatterie des jeunes filles. Une fois la chatterie disparue, la morale, seule réalité de la religion, la morale se délabre et se consume et les hypothèques, plus jamais, ne seront purgées, plus jamais. D'ailleurs, elle peut faire ce qui lui plaît.

LE CAPITAINE

Qui ?

AMÉDÉE *s'empare de l'arme.*

La morale. Moi, je m'occupe de moi. J'exige ma part.

LE CAPITAINE

Je vous interdis de sortir.

MADAME BATRILANT

Il est capable de tout. Ses yeux brillent. Il a l'air d'avoir grandi.

> *Amédée va vers la porte. Il sort brusquement et referme la porte. Le Capitaine et madame Batrilant se précipitent contre la porte fermée.*

LE CAPITAINE

Ouvrez, misérable ! Je vous ordonne d'ouvrir.

MADAME BATRILANT

Vous n'avez pas le passe ? Le Capitaine, d'ordinaire, a un passe pour toutes les portes.

LE CAPITAINE

Eh non, je n'ai pas le passe. Nous sommes bouclés. Celui-là, de coup !

MADAME BATRILANT

Mais il faut agir. Il est comme fou. Vous avez bien vu. Il est comme fou.

LE CAPITAINE

Je m'en doutais bien, parfois, qu'en somme j'étais le prisonnier de mon navire. Mais je n'aurais jamais cru que quelqu'un aurait, un jour, trouvé le moyen de m'en donner le sentiment. Ces boiseries, cette géométrie tout d'un coup me dégoûtent. Mes favoris deviennent du plomb. Mes galons me serrent le front et les bras. Mes artères gonflent et durcissent. On m'a bravé, chère Madame. On m'a bravé. Mais halte-là ! Je vais, plus fluide que le silence des poissons, me répandre à travers les parois et là-haut, sur le pont, agissant et me fixant au niveau des circonstances mécaniques, je composerai le mystère que les chiens des mousquetons, modèle cinquante-neuf, rencontreront au moment de mordre sur la platine.

MADAME BATRILANT

Excellente idée ! Répandez-vous vite. Vite ! Répandez-vous. Ce pauvre enfant avec son joli bout de ventre !

LE CAPITAINE

Je ne demanderais pas mieux, mais le règlement s'y oppose formellement. Moi-même, oui, moi-même, je ne franchirai cette porte qu'après l'avoir ouverte ou défoncée. Les miracles ne se produisent que par l'entremise des hommes.

MADAME BATRILANT

C'est ça. Soyez un homme. Tenez. Cette pioche...

> *Le Capitaine s'apprête à défoncer la porte. Alors, venant des zones supérieures du navire, on entend la rafale de la salve meurtrière.*

LE CAPITAINE

J'ai vécu dans l'âme, dans l'aventure, dans la personne de cet homme. Mais ne nous frappons pas ! Ne nous frappons pas ! Rien, rien ne peut l'atteindre, rien ne peut vous atteindre si rien ne peut m'atteindre. Et rien ne peut m'atteindre puisque c'est moi le... Ah ! bon Dieu[1] !

MADAME BATRILANT

Vous êtes le bon Dieu ? Vraiment ?

LE CAPITAINE

Le bon Dieu ? Qui est-ce ? Qui est le bon Dieu ?

MADAME BATRILANT

Vous disiez que...

LE CAPITAINE

Je suis le maître du navire. Et je crois que j'en ai assez. Au commencement, c'était varié, amusant, pittoresque, cette bataille insoluble entre mon règlement et les passagers. Mais ça commence à sentir mauvais. Ça dure. Ça s'éternise. Pour eux, pour chacun d'eux, je veux bien, c'est toujours nouveau. Pour moi, c'est toujours pareil. La fusillade, le trésor, les discours. Et ils souffrent. Ça souffre beaucoup, les hommes. Ça souffre de vivre, ça souffre de mourir. Et puis, c'est aujourd'hui la fête de ma fille. Si nous en finissions ? Elle aura son bouquet. *(Il tire la pierre de sa poche.)* Cette pierre, elle est puissante. Elle est plus puissante encore que le croit notre Mexicaine. Si je jette cette pierre sur le parquet, tout saute. Tout se dissout. Moi-même, avec ma casquette sans appel, je saute, je me dissous. Je m'efface. Plus rien. Ni le trou noir d'une poulie, ni l'axe de la grande hélice. La table se sépare. Le vide s'accomplit. Plus rien. Plus personne sur le navire. Plus de navire pour personne. *(Le Capitaine lève le bras.)* Cramponnez-vous ! ! !

FIN

DOSSIER

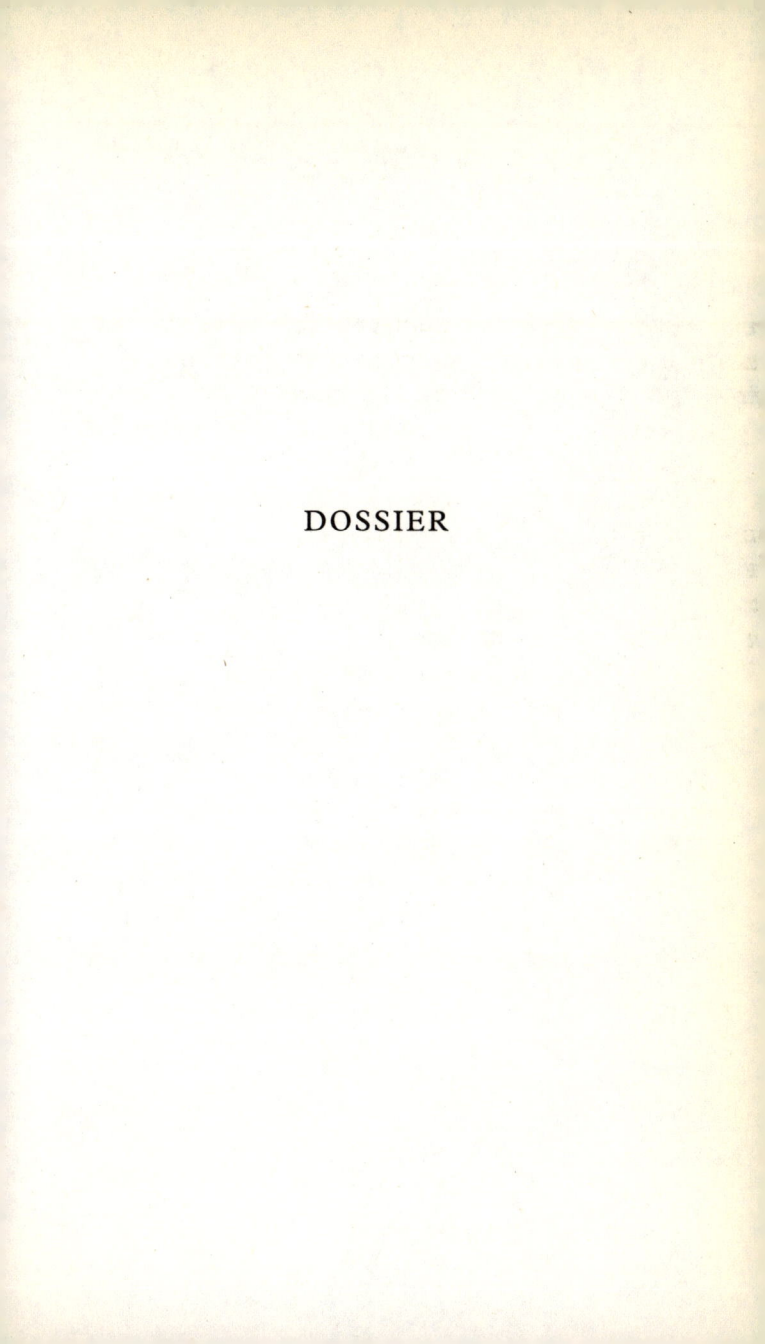

CHRONOLOGIE*
(1899-1965)

1899. *25 mars* : naissance à Antibes de Jacques Audiberti, fils unique de Louis (1867-1943), entrepreneur en maçonnerie, et de Victorine (1878-1923), sans profession.
1914. Audiberti interrompt ses études au collège pour raisons de santé (il les reprendra en 1916 mais ne passera pas le baccalauréat).
Il publie un premier poème dans *Le Réveil d'Antibes* où il écrira régulièrement des chroniques.
1918-1924. Exempté du service militaire pour cause de mauvaise santé, il exerce le métier de commis greffier au tribunal de commerce d'Antibes où son père est nommé juge.
1924. Audiberti s'installe à Paris. Grâce à Émile Condroyer, condisciple et ami antibois, il entre au journal *Le Petit Parisien* où il s'occupe des « chiens écrasés ». Il y rencontre Benjamin Péret qui est lui aussi reporter.
1926. Il épouse une institutrice antillaise qui lui donnera deux filles, Jacqueline et Marie-Louise.

---

* Chronologie établie sur la base de celle aimablement fournie par Jeanyves Guérin.

1930. Il publie à compte d'auteur un recueil de poèmes, *L'Empire et la Trappe*.

1931-1934. Audiberti se remet à écrire des poèmes, que Jean Cassou et Valery Larbaud placent dans diverses revues poétiques et littéraires.

1933. Jean Paulhan, avec lequel il noue une correspondance qui durera jusqu'à sa mort, devient son plus fidèle appui. Il lui ouvrira les portes de Gallimard où seront désormais édités presque tous ses livres. Il fréquente aussi Léon-Paul Fargue, Maurice Fombeure, Jean Follain, Jean De Bosschère, Ivan et Claire Goll, André Rolland de Renéville, Camille Bryen, Gaston Bonheur.

1936. Audiberti compose le recueil poétique *Race des hommes* (Gallimard, 1937). Il écrit deux pièces, *L'Ampélour* (prix de la pièce en un acte, 1937) et *La Bête noire*, ainsi qu'une longue nouvelle, *La Fin du monde*.

1938. L'Académie Mallarmé lui décerne son premier prix de poésie.

Parution d'un roman, *Abraxas* (Gallimard) qui obtient une voix au Prix Goncourt.

1939. *Le Petit Parisien* l'envoie à la frontière espagnole où il assiste aux derniers jours de la République espagnole. Il rentre écœuré.

Il publie un roman, *Septième* (Gallimard).

1940. Il travaille à un roman resté inédit, *Dans l'église les cavaliers*.

1941. Après plusieurs mois de chômage intellectuel (démission ou licenciement du *Petit Parisien* ?), Audiberti entre comme chroniqueur à *Aujourd'hui*, où il rencontre Robert Desnos, et comme critique de cinéma à *Comoedia*.

Il publie un roman, *Urujac* (Gallimard), et un recueil de poèmes, *Des tonnes de semence* (Gallimard).

1942. Il publie un roman, *Carnage* (Gallimard), en course pour le prix Renaudot, et un manifeste poétique, *La Nouvelle Origine* (Gallimard).

1943. Il publie un roman, *Le Retour du divin* (Gallimard), une longue nouvelle, *La Fin du monde* (Société Parisienne de Librairie et d'Édition), et un recueil poétique, *Toujours* (Gallimard).

Un bombardement endommage son appartement parisien. La mort de son père le conduit à Antibes où il passe la fin de la guerre. Il y fait la connaissance de Claude Lehmann qui deviendra l'un de ses plus fidèles amis.

1944. Il publie un roman, *La Nâ* (Gallimard), écrit un roman en vers, *Ouraban* et un recueil poétique, *Antipolis* qu'il n'arrive pas à faire publier.

L'Académie française lui décerne le prix Jean Raynaud qui couronne une œuvre ayant un caractère d'invention et de nouveauté.

1945. De retour à Paris, Audiberti vit à l'hôtel Taranne. Il fait la connaissance du futur cinéaste Jacques Baratier, d'Arthur Adamov, d'Auguste Anglès et des peintres Hugo Cleis et Georges Annenkov.

Il publie deux pièces, *Quoat-Quoat* (dans *Le Livre des Lettres*, revue éditée par Robert Laffont pendant la guerre) et *La Bête noire* (Éditions des Quatre-Vents).

1946. 28 janvier : André Reybaz et Catherine Toth créent *Quoat-Quoat* au théâtre de la Gaîté-Montparnasse-Agnès Capri. Publication d'une pièce, *Le mal court* (*Le Magasin du spectacle*), d'un recueil poétique, *Vive Guitare* (Robert Laffont) et de divers articles alimentaires. Audiberti expose des gouaches dans une galerie parisienne.

Il est élu à l'Académie Mallarmé.

1947. Le 13 janvier, Audiberti assiste à la conférence d'Antonin Artaud au Vieux-Colombier.
Il publie quatre romans, *L'Opéra du monde* (Fasquelle), *Le Victorieux* (Gallimard), *Talent* (Egloff) et *Monorail* (Egloff).

1948. Il reçoit le prix international Charles Veillon.
Il écrit deux nouvelles pièces, *Pucelle* et *Les Naturels du Bordelais*. Il publie chez Gallimard *Théâtre I* qui contient *Quoat-Quoat*.

1950. Audiberti obtient la Légion d'honneur grâce à Jean Paulhan. Il publie deux romans, *Cent Jours* (Gallimard) et *Le Maître de Milan* (Gallimard), ainsi qu'un poème, *La Pluie sur les boulevards* (Angers, Au Masque d'or).

1951. Audiberti écrit une pièce, *Le Cavalier seul*.

1952. Audiberti publie un roman, *Marie Dubois* (Gallimard), pour lequel Marguerite Duras souhaite qu'il reçoive le Prix Goncourt (*Les Nouvelles littéraires*, 27 novembre), un « colloque abhumaniste », *L'Ouvre-Boîte*, auquel a collaboré son ami le peintre Camille Bryen (Gallimard), et *Théâtre II* (Gallimard). Il écrit une pièce, *Les Patients*.

1953. Audiberti publie un recueil poétique, *Rempart* (Gallimard).

1954. Audiberti publie un essai, *Molière* (L'Arche éditeur), que lui a commandé Jean Duvignaud, et un roman dédié à Louis Jouvet, *Les Jardins et les Fleuves* (Gallimard) où sont recyclés de larges extraits de deux pièces restées inédites, *L'Écœuré des mariés* et *La Boulangère et le Bélier*.

1955. Audiberti publie *La Beauté de l'amour* (Gallimard), un essai, *L'Abhumanisme* (Gallimard) et *Le Cavalier seul* (Gallimard).

1956. Publication d'un roman, *La Poupée* (Gallimard),

d'un essai, *Les Enfants naturels* (Fasquelle), et de *Théâtre III* (Gallimard).

Diffusion radiophonique d'une pièce « historique », *Jacques Cœur*.

1957. Audiberti publie *Le Sabbat ressuscité par Léonor Fini* (Société des Amis des Livres) et *La Mégère apprivoisée* (Gallimard), adaptée de Shakespeare. Création radiophonique de *L'Armoire classique* puis du *Soldat Dioclès*.

1958. Publication d'un roman écrit avant la guerre, *Infanticide préconisé* (Gallimard), et d'un long poème, *Lagune hérissée* (Société des Cent-Un et *NRF*).

1959. Georges Vitaly crée *L'Effet Glapion* au théâtre La Bruyère. Immense succès. Jacques Lemarchand la publie immédiatement chez Gallimard.

1960. Installé à Remiremont chez Claude Lehmann, Audiberti y écrit *La Fourmi dans le corps*.

Traduction allemande de *Quoat-Quoat* par l'écrivain Hans-Magnus Enzensberger.

1961. Audiberti vit quelque temps chez Claude Nougaro dont il avait connu le père en 1940.

Il publie *Théâtre IV* (Gallimard).

Création radiophonique de *La Fourmi dans le corps*.

1962. Publication de *Théâtre V* (Gallimard).

Jacques Baratier tire un film de *La Poupée*. Audiberti en a écrit le scénario et les dialogues. Il y est figurant.

Il présente le premier disque de Claude Nougaro.

1963. Publication d'une pièce, *La Guérite* (*NRF*) et d'un roman, *Les tombeaux ferment mal* (Gallimard).

Audiberti collabore au scénario du film de Jacques Baratier, *Dragées au poivre*.

Création radiophonique de *La Guérite*.

1964. Réédition de *Monorail* (Gallimard). Publication d'un recueil de vers, *Ange aux entrailles* (Gallimard), et d'une pièce, *La Guillotine* (*NRF*).
Audiberti reçoit coup sur coup le Prix des critiques et le Grand prix national des Lettres.
La télévision diffuse *Quoat-Quoat* dans une réalisation d'Alain Boudet.
1965. Ses *Entretiens avec Georges Charbonnier* paraissent (Gallimard).
Audiberti meurt d'un cancer le 10 juillet à Paris. Il est inhumé au cimetière de Pantin.
Publication posthume de *Dimanche m'attend* (Gallimard).
1973. Fondation de l'Association des Amis de Jacques Audiberti (http ://www.audiberti.com/). *L'Ouvre-Boîte* puis les *Cahiers Jacques Audiberti* (25 cahiers, de 1973 à 2008) témoignent de ses activités de recherche et de diffusion.

NOTICE

1945-1946-1948 : les chiffres pour les lettres

En 1974, *Quoat-Quoat* a été joué quatre cents fois en France, deux cents fois à New York et une fois à la télévision[1]. Quel chemin parcouru en trente ans !

C'est en effet en 1945 qu'est publié pour la première fois *Quoat-Quoat*. Le texte paraît dans le cinquième et dernier volume du *Livre des lettres*, revue éditée par Robert Laffont pendant la guerre, initialement appelée *Fusée*. Figurent au sommaire différents auteurs confirmés ou débutants : Jean Cocteau, avec *Le Fils de l'air*, Emmanuel Bove, avec *Une offense*, Jean Fougère, avec *Le Retour*, Thierry Maulnier, avec *L'Amour, menace, ruse et délire*, Léo Malet, avec *Cornelia au soulier éclaboussé de sang*, Maast (pseudonyme de Jean Paulhan), avec *Une histoire de cigarettes*, Pierre Clouet, avec *Pedro d'Andalousie* et, bien entendu, Jacques Audiberti avec *Quoat-Quoat*. La poésie (Cocteau, Malet) y côtoie le roman (Clouet), la critique (Maulnier) et la nouvelle (Bove, Fougère). Ce joyeux volume est tiré à 3 100 exemplaires et à 100 exemplaires de tête. En 1948, Audiberti publie chez Gallimard *Théâtre I*.

---

1. Chiffres fournis par *France Soir* (27 février 1974).

La version de 1948 de *Quoat-Quoat* est une version légèrement remaniée de celle de 1945. C'est l'édition dans laquelle le texte est traditionnellement cité et étudié. Elle a été établie par Audiberti à la suite de la mise en scène par André Reybaz de *Quoat-Quoat* (voir plus loin l'historique de la mise en scène). La présente édition du texte de *Quoat-Quoat* se fonde donc sur l'édition de 1948. Néanmoins, des différences subsistent. Deux faits majeurs sont à relever entre l'édition de 1948 et celle de 1945 : contrairement à toute attente (Audiberti n'ayant eu de cesse de rappeler que *Quoat-Quoat* n'avait pas été pensé pour la scène), les variantes sont peu nombreuses entre les deux textes ; rares, elles sont néanmoins significatives et portent sur des segments extrêmement spécifiques infléchissant le sens du texte et son économie.

La création de la pièce

> *Je fus surpris quand il nous donna* Quoat-Quoat *en 1945. Depuis des mois nous le harcelions pour qu'il écrive une pièce ; il semblait ne pas écouter et vite coupait notre phrase pour parler, intarissablement, dans des roulades cocasses, de tout autre chose. [...] Bien davantage que nos incitations, ce qui poussa Audiberti à s'enrôler dramaturge, ne fût-ce pas, en partie, un mouvement de rage, une volonté d'infidélité, d'oubli, envers ses poèmes que personne ne lisait ? Un défi et un piège à une époque myope*[1] *?*

Le 28 janvier 1946, André Reybaz[2] crée *Quoat-Quoat*

---

1. André Reybaz, *Têtes d'affiche*, La Table ronde, 1975, p. 30.
2. Jeune premier du cinéma français sous l'occupation, Reybaz prend des risques en se tournant vers le théâtre. Non seulement il joue sur scène (*À quoi rêvent les jeunes filles* de Musset, mise en scène d'André

d'Audiberti à la Gaîté-Montparnasse selon une mise en scène qu'Audiberti qualifie « d'expérimentale[1] » :

> Quoat-Quoat *n'avait pas été un succès considérable. [...] En France, on l'a jouée en 1948[2] avec les moyens du bord. C'était le temps du paupérisme au théâtre. Les acteurs peignaient eux-mêmes le trône rouge du roi. Les actrices cousaient elles-mêmes les tentures et leurs robes. C'était le temps héroïque[3].*

Audiberti s'enthousiasme pour cette mise en scène « style moyen du bord[4] » qui s'éloigne de « toute pédanterie avant-gardiste[5] ». André Valmy y joue le rôle du capitaine[6] :

> *La barbe du capitaine tenait à sa casquette. Il ne pouvait pas enlever sa casquette sans enlever du même coup sa barbe et comme sa barbe tenait elle-même à son visage, il aurait aussi enlevé son visage s'il avait enlevé sa casquette ! [...] Il disait à un certain moment qu'il*

Barsacq), mais il fonde en janvier 1946 avec Catherine Toth la Compagnie du Myrmidon.
1. Jacques Audiberti, « Grands et petits théâtres », *Revue Théâtrale*, n° 7.
2. Il s'agit ici d'un lapsus d'Audiberti : il confond l'année de la création de la pièce (1946) et celle de sa deuxième édition (1948).
3. Jacques Audiberti, *Entretiens avec Georges Charbonnier*, Gallimard, coll. « Blanche », 1965, pp. 102-104.
4. *Ibid.*, p. 35. Le budget est maigre : 30 000 francs, soit un peu moins de 2 500 euros actuels.
5. Cette citation et celles qui suivent sont extraites de Jacques Audiberti, « Impressions d'audience d'un auteur joué à la Gaîté-Montparnasse », dans *Carrefour*, 21 février 1946 ; le texte intégral est réédité dans Gérard-Denis Farcy, *Les Théâtres d'Audiberti*, PUF, coll. « Littératures modernes », 1988, pp. 284.-287.
6. La distribution complète de la création figure au début de la pièce, p. 43, en face des noms des personnages.

était Dieu, et quelqu'un, toujours, toujours, à la Gaîté-Lyrique[1], *du haut des galeries, disait : « Dans ce cas-là, moi, je suis Napoléon ! ».*

André Reybaz est Amédée :

André Reybaz, l'énergie en personne, [...] ce jeune homme en manches de chemise, ce passager qui tremble, implore et se déchire dans la glu féminine du piège où nous rampons.

Yves Péneau, « délicat lettré, campe un gendarme ancien modèle » ; Pauline Brémont joue le rôle de la Mexicaine et « apporte à l'équipe le renfort d'une voix et d'un physique exotique, où se fortifie la donnée aztèque de son rôle ». Quant à Florence Brière, elle est la Bordelaise qui « sait avec maturité compatir à l'infortune d'une jeune chair d'homme aux prises avec le monde, l'immonde ». Audiberti considère à juste titre cette mise en scène comme un combat :

À la Gaîté-Montparnasse, trois hommes et trois femmes, comme un gang pour l'esprit, luttent avec, dans les poings, la lumière des brins de paille.

Ces « impressions d'audience d'un auteur joué à la Gaîté-Montparnasse » d'Audiberti, tout à la fois art poétique et compte rendu, rendent compte des conditions de création de la pièce, conditions d'improvisation et d'enthousiasme, masquant un manque de moyens évident. La pièce est donc une « première », tout autant pour Catherine Toth et André Reybaz[2], que pour Audi-

---

1. Il faut ici comprendre le théâtre de la Gaîté-Montparnasse.
2. André Reybaz et Catherine Toth ne cesseront de démontrer, tout

berti. Reybaz endosse avec aisance le costume de metteur en scène d'un « nouveau théâtre » moins réaliste mais plus poétique, remportant plus tard le grand prix des jeunes compagnies pour sa direction des *Fastes d'enfer* de Michel de Ghelderode au théâtre Marigny. Il renouera avec Audiberti en 1961, en mettant en scène *Le mal court* à la Comédie du Nord de Tourcoing, avec Philippe Noiret et Suzanne Flon et, en 1972, en montant *Le Ouallou* à la Comédie-Française.

De la création à la recréation

GEORGES CHARBONNIER

Alors, pourquoi ici une pièce, et là un roman ? Est-ce que vous distinguez ce qui, sur le terrain de l'impulsion, vous pousse à écrire un roman plutôt qu'une pièce ?

JACQUES AUDIBERTI

Je le distinguerai après coup, parce que, pour en revenir à ce Quoat-Quoat, — *qui fut la première de mes pièces, montée en 1948*[1] *au théâtre de la Gaîté-Lyrique*[2]*, par la très vaillante Catherine Toth et par André Reybaz —, en ce qui concerne* Quoat-Quoat, *quand j'ai écrit ce* Quoat-Quoat — Quoat-Quoat *est le nom approximatif d'un dieu mexicain (le dieu Quetzacoatl ou quelque chose comme cela, on a lu ce nom dans beaucoup de récits géographiques) — quand j'écrivis* Quoat-Quoat, *donc, je ne distinguais pas le théâtre d'un genre littéraire tel que, par exemple, le sonnet. J'écrivais un*

---

au long de leur carrière commune de metteurs en scène, la force de leur engagement théâtral, notamment à Arras de 1951 à 1956.

1. Voir *supra*, p. 169, n. 2.
2. Voir *supra*, p. 170, n. 1.

> *dialogue, comme j'aurais écrit une nouvelle ou comme j'aurais écrit un poème. L'idée que cela devait être joué un jour, sur scène, ne m'a, je peux le dire en toute sincérité, jamais effleuré. J'ai donc écrit un texte dialogué, avec des personnages, et quand ce texte dialogué a été écrit et qu'il fut imprimé, il se trouva donc que Catherine Toth prononça ses paroles historiques, dans la petite histoire qu'est ma propre vie littéraire, elle prononça donc ces paroles : « Je monte* Quoat-Quoat. » *Qu'elle monta ! Elle a monté* Quoat-Quoat, *mais ce* Quoat-Quoat *n'avait pas été écrit pour être monté. C'était, encore une fois, un récit, quelque chose comme une nouvelle, dans une forme spéciale qui était dialoguée et qui était jouable*[1].

À lire la « petite histoire » d'Audiberti, il semblerait ainsi que le passage du « poème » *Quoat-Quoat* à la pièce *Quoat-Quoat* tienne au miracle de la création théâtrale. Pourtant, à y regarder de plus près, le texte de 1945 est passé à la scène dans son intégralité.

Dans le texte de 1948, il s'agit essentiellement de supprimer les parenthèses dans les didascalies, des points d'exclamation, des virgules, des italiques, de corriger des approximations, d'ajouter des points de suspension. Point de modifications conséquentes dans le corps du texte, si ce n'est l'ajout de quelques didascalies, des variations (« *Il paraît jeune, ardent, maladroit* » de la didascalie initiale devient par exemple dans le texte joué « *Ardent, maladroit, il chantonne* »). De même, certaines phrases très brèves peuvent être supprimées[2], modifiées[3] et

---

1. Jacques Audiberti, *Entretiens avec Georges Charbonnier, op. cit.*, pp. 92-93.
2. « Devant ces pyramides écroulées que je voudrais remettre debout. Vous êtes là, terrible jouvencelle » : suppression de la phrase dans la version de 1948 après « comme un crocodile, comme un monstre » (pp. 75-76).
3. « Et peut-être, après tout, pour que ce langage soit encore plus

d'autres rajoutées : « Tu as franchi des forêts. Tu as lu notre chemin dans les étoiles et les étoiles t'ont reconnue pour l'une d'elles, la plus belle. Au reptile et à l'oiseau tu as montré ta beauté[1]. »

Loin de supprimer des passages (jugés trop poétiques, par exemple, ou trop longs), la mise en scène de 1946 semble donc totalement fidèle au texte de d'Audiberti. Seul changement : la fin.

La fin justifie les moyens

Effectivement, c'est exclusivement la fin des tableaux qui fait l'objet d'ajouts de texte, ajout massif pour le tableau premier (cinq pages), ajout plus succinct pour le second (quatre répliques).

Ainsi, le texte compris entre les pages 42 et 47 de l'édition de 1948 est totalement absent de l'édition de 1945. Significativement, l'ensemble ajouté insiste largement sur les effets métathéâtraux : Audiberti développe une didascalie, des effets de mise en scène avec Clarisse qui coupe les favoris de son père (elle tue aussi littéralement le favori de son père), des références métathéâtrales (« tu achèves de dépenser ton élan de comédienne », p. 96). Le langage est lui aussi affecté pour davantage de théâtralité : les répétitions avec des ruptures syntaxiques

---

fort, peut-être pour de bon va-t-on me fusiller. Mais moi, je ne veux pas encore mourir. Je souhaite disposer du loisir de peser et de méditer ce que mon séjour ici m'aura donné » (édition de 1945) : remplacé dans l'édition de 1848, après « pour que le langage ait un sens » (p. 116), par « Et peut-être, après tout, pour que ce langage soit plus sensible encore, et que les fusils reçoivent la vie, leur vie instrumentale et vocabulaire, peut-être, pour de bon, va-t-on me fusiller. Mais moi, je souhaite disposer du loisir de peser et de méditer ce que mon séjour ici m'aura donné ».

1. Voir p. 84.

et sémantiques abondent (« Ce que tu es, ce que tu as, c'est à bibi que tu le dois », « gonzesse », p. 97) ; les onomatopées, qui marqueront le tableau second, jouent ici d'effet d'annonce (« hihihihi » et « riquiqui », p. 100). Tout semble concourir à étoffer un texte visiblement jugé trop elliptique pour le spectateur mais aussi à relancer le texte afin de maintenir la tension suffisante pour le passage au tableau second (Clarisse demande, par exemple, à son père de l'étrangler). Le jeu scénique entre le père et sa fille est exploité dans une variation autour du complexe d'Électre : « *Clarisse, maintenant, est assise sur les genoux du Capitaine. / Elle lui taille les favoris à l'aide de longs ciseaux* » (p. 95), « *Il se rapproche de Clarisse* », « *Ils se touchent de la tête* » (p. 98), « *elle s'abandonne sur la poitrine du Capitaine* » (p. 100). Amédée pourtant présent, est évacué de la scène : « *Écroulé, prosterné, Amédée demeure immobile, muet* » (p. 95) ; signe de l'évidement du personnage, le Capitaine ira jusqu'à le contrefaire (p. 103), prouvant ses qualités métathéâtrales d'histrion dans un morceau de bravoure où il s'impose comme le maître du jeu. Pourtant, la démonstration de force (p. 104) laisse présager l'ajout du deuxième tableau :

CLARISSE

Si Amédée meurt, je meurs.

LE CAPITAINE

Mais, foutue bougresse ! personne ici ne peut mourir... ma petite Clarisse... toutou adoré... toi, mourir... personne ici ne peut mourir sans que j'aie consenti.

CLARISSE

Eh bien ! Si je meurs, tu auras consenti.

Clarisse s'oppose en effet à son père et, dans cet affrontement final du tableau premier, donne les clés du second. Le dénouement évoqué repose sur deux tensions : une tension amoureuse (Clarisse mourra si Amédée meurt) et une tension métaphysique (Clarisse éprouve l'humaine compassion) ; le père devra donc assumer son statut de Père pour « consentir » — à savoir accepter le (dé-) règlement amoureux de sa fille se substituant au règlement militaire et « souffrir avec » (*cum + sentire*). Alors, quand le Capitaine entend la « salve meurtrière » d'Amédée, il ne peut que s'exclamer à la fin du tableau second : « Si nous en finissions ? » (p. 158).

Amédée mort, c'est tout le programme du Capitaine qui est remis en question. Il ne lui reste plus qu'à « consentir » pour tout effacer. Pourtant, il ne pourra pas effacer l'histoire de *Quoat-Quoat* et, avec elle, celle de l'humanité. Car « dès les premiers instants de la traversée il est clair que toute cette histoire renvoie symboliquement à la condition humaine[1] ». Appelé à imaginer ce que masque le rideau tombé, c'est tout le sens de la pièce qui reste en suspens pour le spectateur. Car c'est à lui que revient en effet l'injonction finale : « Cramponnez-vous ! ! ! » La scène, figurée par le bateau, a-t-elle explosé devant ses yeux ? Dans ce cas, le théâtre audibertien est bien un « théâtre en miettes », dans le sens que la critique donne au terme historique.

---

1. Bertrand Poirot-Delpech poussera encore plus loin son interprétation dans la suite du même article : « Le voyage figure la vie, le trésor représente le sens que chacun de nous se promet de donner à l'existence, le secret partagé est mis pour l'amour et le peloton d'exécution donne la mort inéluctable. Quant au capitaine, c'est évidemment le "bon Dieu" régnant sur la manœuvre et le règlement du monde, mais plutôt désespéré de son œuvre puisqu'il finit par faire sauter le navire » (*Le Monde*, le 22 février 1968).

Et s'il était encore permis au spectateur de douter de l'histoire d'Audiberti sur le passage du poème *Quoat-Quoat* à une pièce *Quoat-Quoat* par l'entremise de la fée Catherine Toth à qui l'édition de 1948 est dédiée, laissons-lui savourer le dernier pied-de-nez de Jacques Audiberti au sceptique trop curieux : « Je pouvais faire un roman de *Quoat-Quoat*. Pourquoi en ai-je fait deux actes ? Parce que les fées qui président à la destinée pensaient que le moment était venu[1]. » La plus belle fable racontée par *Quoat-Quoat* est certainement celle de sa création...

---

1. Jacques Audiberti, *Entretiens avec Georges Charbonnier, op. cit.*, pp. 100-101.

HISTORIQUE DE LA MISE EN SCÈNE

Considérant les liens qui existent entre les différentes étapes de rédaction du texte (1945 et 1948) et sa première mise en scène (1946), nous avons choisi de développer, dans la notice, la mise en scène relative à la création de la pièce. Sont ici détaillées les mises en scène qui suivent la création d'André Reybaz.

La mise en scène de Georges Vitaly

Georges Vitaly dirige à l'époque le théâtre La Bruyère dans le IXe arrondissement de Paris. Après avoir mis en scène *Le Ouallou*, en mars 1958, et *L'Effet Glapion*, en septembre 1959, Vitaly met en scène *Quoat-Quoat* en 1968 avec des décors de Jacques Marillier et des costumes de Mary Kant. Vitaly est très soucieux des décors (intérêt partagé par Audiberti) et des costumes qui, parfois dans cette mise en scène, « prenaient le pas sur les décors[1] ». La distribution est la suivante : Jean-Pierre Leroux (Amédée), Louis Arbessier (le Capitaine), Eric

---

1. Georges Vitaly, *En toute vitalyté : 50 ans de théâtre*, Nizet, 1995, p. 133.

Burnelli (un matelot), Colette Bergé (Clarisse), Pierre Garin (le Gendarme), Antoinette Moya (la Mexicaine), Jacqueline Duc (Madame Batrilant).

Comme Marcel Maréchal[1] (voir plus loin), c'est porté par l'amitié et par l'enthousiasme que Georges Vitaly monte les pièces d'Audiberti. En effet, c'est aux Deux Magots qu'Audiberti fait la connaissance par l'intermédiaire de Georges Annenkov[2] de Georges Vitaly, alors âgé d'une trentaine d'années[3] :

> *Nous étions en juin 1946. Je me rendais aux Deux Magots pour la première fois, pour un rendez-vous avec Jacques Audiberti que je n'avais jamais rencontré. Mon ami le peintre Georges Annenkoff [sic] me parlait assez souvent d'Audiberti, avec un certain étonnement mêlé d'admiration. [...] Romancier, poète, journaliste, il écrivait des pièces de théâtre mais avouait ne pas savoir si elles étaient jouables. Mon intérêt piqué au vif, les mots « pièces de théâtre » firent immédiatement se dresser mon oreille intérieure*[4].

La fulgurance de la rencontre signe le début de nombreuses collaborations à venir : *Le mal court* en 1947 (théâtre de Rochefort, théâtre de Poche, Comédie des

---

1. Pour Marcel Maréchal, Audiberti est « le père de mes repères » (*Rhum Limonade. De Guignol à Cripure*, Flammarion, 1995, p. 191).
2. Georges Annenkov est un artiste russe, décorateur de cinéma et de théâtre, qui est le voisin de Jacques Audiberti à l'hôtel Taranne.
3. Georges Vitaly (1917-2007), né en Ukraine, quitte très tôt la Russie avec ses parents pour échapper à la révolution russe et devenir comédien puis metteur en scène. Il gagne en 1947 le concours des jeunes compagnies pour la mise en scène du *Mal court* avec Suzanne Flon. Il fonde puis dirige de 1947 à 1952 le théâtre de la Huchette, prend la direction du théâtre de La Bruyère de 1954 à 1970 où il crée *Quoat-Quoat* en 1968 et la Maison de la Culture de Nantes de 1970 à 1975.
4. George Vitaly, *En toute vitalyté, op. cit.*, p. 41.

Champs-Élysées, théâtre des Noctambules), puis en 1955 et en 1963 (théâtre La Bruyère), en 1982 (théâtre du Tourtour) et en 1986 (théâtre Mouffetard) ; *La Fête noire* en 1948 (théâtre de la Huchette), en 1969 (théâtre La Bruyère) puis en 1985 (théâtre du Lucernaire) ; *Pucelle* en 1950 (théâtre de la Huchette) ; *Les Naturels du Bordelais* en 1953 (théâtre La Bruyère) ; *Le Ouallou* en 1958 (théâtre La Bruyère) ; *L'Effet Glapion* en 1959 (théâtre La Bruyère) ; *Pomme, Pomme, Pomme* en 1962 (théâtre La Bruyère) ; *La Fête noire* en 1966 (Hôtel de Sully, théâtre La Bruyère) ; *La Hobereaute* en 1969 (Hôtel de Béthune-Sully) ; *La Logeuse* en 1971 (théâtre La Bruyère) ; *Les Patients* en 1991 (Petit Montparnasse)[1]. La difficulté de mettre en scène *Quoat-Quoat* n'a pas échappé à la critique ayant assisté à la représentation :

> *Ce théâtre du langage, cette fête musicale offre de multiples difficultés aux acteurs qui ne doivent pas se contenter de jouer mais doivent sentir le texte. Texte qui leur donne beaucoup d'échappées mais qui les oblige également à des acrobaties techniques*[2].

Mais on ne manque pas de saluer la mise en scène de Vitaly :

> *De ce génial salmigondis, des acteurs médiocres pourraient faire une catastrophe ; d'excellents acteurs un triomphe. La seconde hypothèse se vérifie pleinement chez Monsieur Georges Vitaly*[3].

---

1. *Ibid.*, pp. 43-47, 55-60, 64-67, 82-87, 126-133, 151-155.
2. Monique Pantel, « Avec Audiberti, Vitaly retourne à la fête du langage » (*Paris-Presse*, 18 février 1969).
3. Claude-Henri Leconte, « *Quoat-Quoat* (une tragédie-vaudeville) », dans *Le Nouveau Journal* (24 février 1968).

La critique est enthousiaste et salue les prouesses des acteurs sans exception[1]. La pièce est couronnée par le Prix Dominique. Elle est reprise à New York le 27 avril 1969, soutenue par le ministère des Affaires étrangères, le Service Culturel de New York et l'Ambassade de France à Washington. Jean-Pierre Leroux interprète toujours Amédée et Jacqueline Duc, Madame Batrilant. La représentation unique est un succès puisqu'elle accueille dans la très grande salle du Barbizon-Plaza pas moins de 1 100 spectateurs. La presse locale salue la performance[2] et les envoyés spéciaux font dans le cocorico : « La dame américaine qui, les larmes aux yeux, a arrêté Jean-Pierre Leroux dans la rue pour lui exprimer sa fervente admiration est assez représentative de ce public, intellectuellement très curieux, qui, parfois obscurément, mais avec une non moins étonnante intuition, ressent la beauté d'un spectacle comme celui qu'on lui présente[3]. » Le spectacle se déplace la même année au théâtre municipal de Lausanne : Jean-Pierre Leroux y est toujours Amédée, Colette Bergé, Clarisse, mais Jacques Dumesnil a repris le rôle du Capitaine, Albert Rieux, celui du gendarme et Ginette Baudin tient le rôle de la Mexicaine. La critique suisse est acerbe : « Bref, une interprétation désespérante de conventionnalisme, dans une mise en scène molle[4]. » Signe que les temps ont changé, les voix se feront plus discordantes encore lors de la reprise de *Quoat-Quoat* en 1977 à Paris[5] :

1. *Le Monde* (22 février 1968), *Combat* (22 février 1968), *Le Figaro* (9 octobre 1968).
2. J. Simon, « Words on Fire », *New York* (28 avril 1969).
3. Pierre Kyria, « Audiberti triomphe à New York », *Combat* (28 avril 1969).
4. F. T., « Un *Quoat-Quoat* maltraité », *La Gazette de Lausanne* (17 octobre 1969).
5. Jean-Pierre Leroux joue toujours Amédée, mais Jacques Seiler est le Capitaine.

Quoat-Quoat, *cela devrait se jouer dans une cathédrale en ruine, sur un vaisseau fantôme ou sur la mer de glace, mais pas à Paris, rue La Bruyère, dans le décor exquis de Jacques Marillier, entre cour et jardin, avec un entracte d'un quart d'heure, devant quelques centaines de spectateurs assis en rang qui attendent sagement que le Bon Dieu qui est sur la scène fasse sauter l'univers avant que le rideau tombe et qui se retrouvent avec l'air idiot lorsque le rideau est tombé*[1].

Une nouvelle mise en scène s'impose...

La mise en scène de Marcel Maréchal

C'est en 1963 que Marcel Maréchal[2] rencontre Audiberti lors de la mise en scène du *Cavalier seul* au studio des Champs-Élysées. Celui qui fut « un père spirituel » lui donne l'envie de jouer *L'Opéra du monde* en 1965 (théâtre du Cothurne, théâtre de Lutèce) ; *La Poupée* en 1968 (théâtre du Huitième) et en 1974 (festival d'Avignon) ; *Opéra parlé* en 1980 (théâtre du Gymnase). Le 1er janvier 1995, Marcel Maréchal prend la direction du théâtre du Rond-Point. Il remodèle la grande salle (l'actuelle salle Renaud-Barrault) et crée une salle d'exposition, la « Galerie Audiberti ». Mais plus encore, c'est avec un geste fort que la première

---

1. Philippe Tesson dans *Le Canard Enchaîné* (18 octobre 1977).
2. Metteur en scène, acteur, dramaturge et directeur de compagnie, Marcel Maréchal naît en 1937 à Lyon. Il commence sa carrière théâtrale à Lyon en 1960 et dirige le théâtre des Marronniers jusqu'en 1968, puis le théâtre du Huitième, le Gymnase en 1975 et surtout la Criée à Marseille en 1981, avant de diriger le théâtre du Rond-Point des Champs-Élysées en 1995 et les Tréteaux de France, Centre dramatique itinérant en 2001.

saison débute avec la Trilogie de Paul Claudel (*L'Otage, Le Pain dur, Le Père humilié*) et continue avec *Quoat-Quoat* d'Audiberti. Pour la distribution, Marcel Maréchal joue le Capitaine, Nicolas Vaude est Amédée, Mama Prassinos est Clarisse, Françoise Christophe est Madame Batrilant, et Catherine Arditi est la Mexicaine. La critique est enthousiaste. Alain Dreyfus dans *Libération* (« À Paris Marcel Maréchal est le capitaine somptueux de *Quoat-Quoat*, pièce de son "père spirituel" Jacques Audiberti... », article du 15 avril 1996) célèbre le « somptueux Maréchal, favoris en bataille, sanglé dans son caban en arpentant le pont du Mirmidon », le « joli jeune homme, Amédée (Nicolas Vaude) », « la délicieuse Clarisse (Mama Prassinos) » ; mais il remarque surtout « une intrigue qui n'en fait qu'à sa tête, où de fantasques protagonistes rivalisent de manque de constance au point quelquefois, comme par inadvertance, de changer d'avis comme d'identité. Se croisent marin, gendarme, pasionaria (Catherine Arditi déchaînée) et belle excentrique (Françoise Christophe), qui tous manient une langue détonante, fluide et râpeuse, mélange invraisemblable de trivial et d'envolées lyriques » dans la mise en scène de Maréchal, ce dernier « roué, superbement à l'aise dans sa défroque de loup de mer, Maréchal n'a pas cherché à éluder fragilité et carences. Façon d'être fidèle à Audiberti et d'en préserver la fraîcheur ». On le voit, l'enthousiasme face à cette mise en scène est entier et la pièce ne manque pas de marquer cette première saison de Maréchal.

Quoat-Quoat *à la télévision*

Loin de se limiter aux tréteaux, *Quoat-Quoat* se voit consacré par le petit écran, dans les années 1960. Un peu moins de quarante pour cent des foyers sont alors équipés d'un poste. Signe du succès d'Audiberti, Alain Bordet[1] pour la deuxième fois le met en scène pour la télévision. La pièce est diffusée le 27 mai 1964 et elle est présentée par Jean-Louis Barrault. Les rôles principaux sont tenus par Victor Lanoux (Amédée), Charles Lavialle (le Capitaine), Michèle André (Clarisse), Jean Saudray (le Matelot), Pierre Tornade (le Gendarme), Françoise Giret (la Mexicaine), Madeleine Barbulée (Madame Batrilant). Pour l'assistance technique : René Mathel (directeur de la photographie), Jean-Baptiste Hugues (décorateur) et Monique Dunan (création de costume). *Le Figaro* (Robert-Gérard Challon, le 28 mai 1964) remarquera la « présence et le charme de Michèle André » en concluant que « l'écriture télévisuelle et le style audibertien se sont trouvés en accord ». *Le Monde* ira plus loin encore : « On peut se laisser bercer par le langage d'Audiberti. Mais la cocasserie est cruelle et le langage est un torrent. *Quoat-Quoat* c'est un divertissement qui inquiète ; [...] Alain Boudet a fait évoluer ses caméras dans cet espace réduit avec une aisance prodigieuse et il est arrivé à nous les faire oublier, à nous donner l'impression d'un quatrième mur, mais ce quatrième mur était transparent. Ainsi se trouvait maintenue la distance du spectateur par rapport au spectacle (on ne pouvait s'identifier aux personnages) et en même temps rendue plus forte l'impression de claustration. Ce qui mettait en évidence le sens de la parabole[2]. »

---

1. Après des études à l'IDHEC, Alain Bordet travaille pour le cinéma puis se tourne vers la télévision. Il s'était déjà chargé de mettre en scène pour la télévision *Le mal court* en 1962 avec Suzanne Flon, Michel Auclair et Philippe Noiret.
2. Jacques Siclier, « *Quoat-Quoat* », dans *Le Monde* (29 mai 1964).

BIBLIOGRAPHIE*

Éditions de Quoat-Quoat

« Quoat-Quoat », *Le Livre des Lettres*, n° 5, 1945.
Théâtre I. Quoat-Quoat. L'Ampélour. Les Femmes du bœuf. Le mal court, Gallimard, coll. « Blanche », 1948.

Signalons que *Quoat-Quoat* a été traduit en italien (*Sipario*, 1947), en allemand (*Spectaculum*, 1960, puis *Theaterstücke I*, Berlin, Luchterhand, 1961, et enfin *Moderne Theaterstücke* 3, Francfort, Suhrkamp, 1982), en finnois (1967) et en japonais (1977), selon les références établies par Jeanyves Guérin sur la base de l'*Index translationum* publié par l'UNESCO. Il a fait l'objet de représentations nationales (voir l'historique de la mise en scène) mais aussi internationales (au Rideau de Bruxelles en 1976, par exemple, dans une mise en scène d'Alain-Guy Jacob).

---

* Cette bibliographie a été établie par Jeanyves Guérin et complétée à l'occasion de la présente édition de *Quoat-Quoat* par Nelly Labère.

Études sur Quoat-Quoat

AUTRAND Michel, « Humour et théâtralité dans *Quoat-Quoat* », *Ouvre-Boîte. Cahiers Jacques Audiberti*, n° 11, mai-juin 1980, pp. 11-17.
GAUTIER Jean-Jacques, *Théâtre d'aujourd'hui*, Julliard, 1972, pp. 284-286.
GUÉRIN Jeanyves, *Le Théâtre en France de 1914 à 1950*, Honoré Champion, 2007, pp. 408-412.
LUCIANI Annette, « La guerre du Mexique dans *Quoat-Quoat* d'Audiberti », *Récifs*, n° 7, 1985, pp. 35-48.
LUCIANI Annette, « La présence du Mexique dans *Quoat-Quoat* de Jacques Audiberti », in *Recherches et études comparatistes ibéro-françaises de la Sorbonne Nouvelle*, 1985, n° 7, pp. 36-48.
PETIT Marc, « Pourquoi pas Shakespeare ? À propos de *Quoat-Quoat* », *Ouvre-Boîte. Cahiers Jacques Audiberti*, n° 21, 2000, pp. 76-81.
POIROT-DELPECH Bertrand, *Au soir le soir*, Mercure de France, 1970, pp. 284-286.

Ouvrages critiques et études

BOUILLIER Henry (dir.), *Audiberti cavalier seul*, Bibliothèque nationale, 1990.
COTTENET-HAGE Madeleine, *Le Mythe de la femme dans le théâtre d'Audiberti,* thèse de troisième cycle, Université de Nancy II, 1975.
DESLANDES André, *Audiberti*, Gallimard, coll. « La Bibliothèque idéale », 1964.
FARCY Gérard-Denis, *Les Théâtres d'Audiberti*, Presses Universitaires de France, coll. « Littératures modernes », 1988.

FOURNIER Josiane, *Projet épique et écriture dans l'œuvre poétique de Jacques Audiberti*, Lille, Presses universitaires du septentrion, coll. « Thèses à la carte », 1997.

GIROUD Michel, *Audiberti*, Éditions universitaires, coll. « Classiques du XXe siècle », 1967.

GIROUD Michel, *Audiberti*, Seghers, coll. « Poètes d'aujourd'hui », 1973.

GUÉRIN Jeanyves, *Le Théâtre d'Audiberti et le Baroque*, Klincksieck, coll. « Théâtre d'aujourd'hui », 1976.

GUÉRIN Jeanyves (dir.), *Audiberti le trouble-fête*, Jean-Michel Place, coll. « Œuvres et critiques », 1979.

GUÉRIN Jeanyves, *Audiberti. Cent ans de solitude*, Honoré Champion, coll. « Littérature de notre siècle », 1999.

GUÉRIN Jeanyves (dir.), *Audiberti poète, dramaturge et romancier*, Honoré Champion, coll. « Colloques, congrès et conférences », 2001.

GUÉRIN Jeanyves, *Art nouveau ou homme nouveau. Modernité et progressisme dans la littérature française du XXe siècle*, Honoré Champion, coll. « Histoire culturelle de l'Europe », 2002.

GUÉRIN Jeanyves (dir.), *Audiberti. Chroniques, récits, théâtre*, Le Manuscrit, coll. « L'Esprit des Lettres », 2007.

KOREN Roselyne, *L'Anti-récit. Les procédés de style dans l'œuvre romanesque de Jacques Audiberti*, Genève, Slatkine, 1983.

LABÈRE Nelly (dir.), *Jacques Audiberti : l'imaginaire de l'éclectique*, Eidôlon, n° 84, 2008.

LAGIER Christophe, *Le Théâtre de la parole-spectacle : Jacques Audiberti, René de Obaldia et Jean Tardieu*, Birmingham, AL Summa Publications, 2000.

ROUBINE Jean-Jacques, *Mythologie d'Audiberti*, thèse d'État, Université de Paris-IV, 1976.

TOLOUDIS Constantin, *Audiberti*, Boston, Twayne, 1980.

Texte et contexte

ARTAUD Antonin, *Le Théâtre et son double*, Gallimard, coll. « Métamorphoses », 1938 ; coll. « Folio essais », 1985.

ARTAUD Antonin, *Les Tarahumaras*, L'Arbalète : Marc Barbezat, 1955 ; Gallimard, coll. « Blanche », *Œuvres complètes*, coll. t. IX, 1971.

AUDIBERTI Jacques, *Le Mur du fond : écrits sur le cinéma*, textes réunis par Michel Giroud, *Les Cahiers du Cinéma*, 1996.

AUDIBERTI Jacques, *Entretiens avec Georges Charbonnier*, Gallimard, coll. « Blanche », 1965.

FERLA Patrick, *Conversation avec Marcel Maréchal*, Paris-Lausanne, Éditions Pierre-Marcel Favre, 1983.

HARREL-COURTES Christian, *« Fusées ». Histoire d'une revue littéraire à Marseille en 1942*, L'Harmattan, 1993, pp. 104-106.

MARÉCHAL Marcel, *Rhum Limonade. De Guignol à Cripure*, Flammarion, 1995.

PHÉLIP Gonzague, *Le Fabuleux Roman du théâtre de la Huchette*, Gallimard, album hors série, 2007.

REYBAZ André, *Têtes d'affiche*, La Table ronde, 1975.

VITALY Georges, *En toute vitalyté : 50 ans de théâtre*, Nizet, 1995.

NOTES

Page 41.

1. Catherine Toth est, au sortir de la guerre, une jeune mime de vingt-deux ans, passionnée de théâtre, qui décide avec son fiancé André Reybaz, de créer une compagnie de théâtre : la Compagnie du Myrmidon. Enthousiaste à la lecture de *Quoat-Quoat*, elle persuade Reybaz de monter la pièce. C'est donc elle qui est à l'origine du passage de *Quoat-Quoat* à la scène, pour le plus grand bonheur des spectateurs.

Page 45.

1. « *Paquebot second Empire* », « *portrait de Napoléon III* » : ces éléments scéniques du décor sont les moyens visuels qui permettent de situer l'intrigue de la pièce dans l'Histoire, renvoyant à la période 1852-1870.

2. « Mirmidon » : le jeu entre Myrmidon (le nom de la jeune Compagnie, créée par André Reybaz et Catherine Toth, qui monte *Quoat-Quoat*) et le *Mirmidon* (le nom du bateau) renforce les effets de « théâtre dans le théâtre » propres à la pièce.

Page 47.

1. L'intervention française au Mexique a lieu de 1861

à 1867 dans le but de mettre en place un régime propice aux intérêts de la France. Soutenu par les conservateurs mexicains et vivement encouragé par Napoléon III, Ferdinand Maximilien Joseph (1832-1867), archiduc d'Autriche (il est le frère cadet de François-Joseph), devient empereur du Mexique en 1864. En 1865, à la suite de divers mouvements politiques internationaux, la France est encouragée à retirer ses troupes (1866-1867). Mais Maximilien refuse d'abdiquer. La désertion des appuis européens et l'opposition vive des libéraux et des républicains menés par Juárez (voir *infra*, p. 118, n. 1) conduisent à son emprisonnement à Querétaro et à son exécution en juin 1867.

Page 53.

1. « Depuis le Consulat » : régime politique qui fait suite au coup d'État du 9 novembre 1799 (19 brumaire an VIII, selon le calendrier révolutionnaire) et qui prend fin le 18 mai 1804 avec le Premier Empire.

Page 58.

1. La référence à « Bordeaux » renvoie biographiquement au séjour en 1940 d'Audiberti dans cette même ville lors du repli de l'auteur alors journaliste au *Petit Parisien*. Bordeaux réapparaîtra encore en 1948 dans le titre de la pièce *Les Naturels du Bordelais*.

Page 61.

1. « Christophe Colomb » est un personnage historique cher à Audiberti. Il est l'une des figures majeures qui sous-tend son premier roman, *Abraxas*, paru en 1938, où Colomb affleure dans la figure de la colombe.

Page 62.

1. L'aigle (qui s'inspire de l'héraldique carolingienne)

est un symbole impérial qui figure sur les armoiries du Premier et du Second Empire.

Page 66.

1. « Moineaux » : bestiaire imaginaire d'Audiberti (voir la préface).

Page 67.

1. L'« arbre de couche » désigne, en mécanique, une pièce cylindrique allongée qui fournit un mouvement de rotation à d'autres pièces. Il faut entendre ici l'expression de manière métaphorique.

Page 68.

1. La « pomme » est un élément structurant de l'imaginaire audibertien (pièce *Pomme, Pomme, Pomme,* publiée en 1962) ainsi que le serpent : serpent chrétien de la Genèse, mais aussi serpent à plumes des mythes mexicains.

Page 76.

1. « Respirez... La phrase part pour être longue. Respirez... » : référence métathéâtrale.
2. « Quoat-Quoat » : le terme est un diminutif facétieux pour Quetzalcóatl, le dieu plume qui a servi de dieu protecteur à trois civilisations préhispaniques. Pour des développements, voir la préface.

Page 79.

1. « Du feu en même temps que du froid » : utilisation de l'oxymore pour rendre compte des contraires à l'œuvre dans *Quoat-Quoat*. Le Mexique est désigné comme une terre des opposés réunis.

Page 80.

1. Il semble qu'Audiberti invente ici un mode opératoire sacrificiel inexistant chez les Aztèques.

2. « Le temple de Quoat-Quoat » : il n'existe pas de site archéologique spécifiquement dédié à Quetzalcóatl et correspondant à la description qu'en fait Audiberti. Teotihuacán serait certainement le site le plus approchant.

Page 83.

1. « Ce sont des lettres, des lettres qui sont des forces » : en 1945, l'intérêt pour les lettres aztèques n'est pas seulement propre à Audiberti. Blaise Cendrars, dans *L'Homme foudroyé*, leur consacre quelques pages.

Page 85.

1. « Le poids de ta légèreté » : envolée lyrique d'Amédée qui enchaîne syllogisme poétique et oxymore.

Page 86.

1. « Le coffre à Maximilien » : syntaxe populaire pour la construction du complément du nom qui rompt avec le discours lyrique d'Amédée. L'effet est renforcé par le jeu phonique « coco de coffre ».

Page 87.

1. « L'impératrice Charlotte » : Charlotte de Saxe-Cobourg, née en 1840, fille de Léopold Ier de Belgique et de Louise Marie d'Orléans, petite-fille de la reine Marie-Amélie, épouse Maximilien de Habsbourg en 1857. Soutenue avec son mari par Napoléon III, poussée par les conservateurs mexicains, elle est proclamée impératrice du Mexique le 10 avril 1864 sous le nom de Carlota. Mais l'aventure tourne court et les difficultés s'accumulent pour le nouveau couple impérial qui doit

faire face à l'opposition des libéraux et des républicains mexicains mais aussi à l'absence de soutien des puissances européennes. Rentrée en Europe avant l'exécution de son mari, Carlota souffre de démence ; elle meurt en 1927, à l'âge de quatre-vingt sept ans.

2. « Chaparral » : vient de l'espagnol *Chaparro* et désigne un ensemble de buissons caractéristique de la Californie et du Mexique.

Page 90.

1. « Pan !... pan !... pan !... » : fait écho à celui de la p. 66 et continuera à scander la pièce à la manière des « un temps » de Beckett. L'inéluctable est en route, la bombe infernale de la pièce a été amorcée.

Page 91.

1. « Écrevisses », « bouvreuil », « pinson » et onomatopées animales : exemple de bestiaire chez Audiberti.

Page 92.

1. Le texte commence à entrer dans la répétition : « Clarisse. Clarisse », « Demain, à quatre heures du matin, pan ! pan ! » repris et varié dans « Parce que, demain matin, quatre heures, vous froid. », etc. La syntaxe se dérègle elle aussi, les phrases se font nominales.

Page 93.

1. « Ziblume » : création lexicale.

Page 95.

1. Tous les développements qui suivent sont absents de l'édition de 1945 (de la p. 95 à la fin du tableau premier).

Page 100.

1. « Ma crotte » : Audiberti joue sur les dénominations grotesques.

Page 101.

1. La « pomme » est devenue « vieille » et désigne à présent Clarisse. À cela s'ajoute un jeu scénique : le Capitaine contrefait Amédée.

Page 106.

1. « Quife quife » : forme méridionale de l'expression arabe « kif kif ».

Page 109.

1. Résumé par Amédée de l'intrigue qui passe par le changement de registre : l'anaphore se fait variation pour le plaisir du spectateur.

Page 113.

1. « La jument Proserpine » : voir plus loin, p. 137 n. 1.
2. « LE GENDARME *prend l'accent d'Amédée* » : jeu d'inversion des rôles et d'imitation hautement comique.
3. « Condillac » : Étienne Bonnot de Condillac (1715-1780) est un philosophe défenseur du sensualisme (voir son *Traité des sensations* de 1754 où il défend la position selon laquelle les idées proviendraient des sensations qui conditionneraient l'entendement).

Page 114.

1. « Celui que nous sommes... *hublot* » : passage absent de la version de 1945 qui témoigne des variations et des ajouts d'Audiberti.
2. « Charentonesque » : fou, dément, par extension

figurée et populaire de « Charenton », ancien asile psychiatrique.

3. *Jocrisse* : le terme renvoie à un personnage de comédie que l'on reconnaît à sa bêtise et à sa crédulité. Il est aussi souvent soumis à sa femme.

Page 116.

1. Le texte de 1945 mentionne « Pour l'instant, je suis le prisonnier », qu'Audiberti corrige avec bonheur dans l'édition de 1948 par « Je suis pris dans le mot "prisonnier" ».

Page 118.

1. « Juárez » : Benito Juárez (1806-1872), d'origine indienne, est un homme politique mexicain libéral qui fonde son programme politique sur la volonté de relance de l'économie et sur le refus conjoint du monopole de l'Église catholique et de l'artistocratie terrienne qui constituent pour lui un frein au capitalisme. Il inspire les lois de réforme de la Constitution de 1857 et, en 1858, il remplace Comonfort à la présidence de la République. La guerre des Trois ans (1858-1860) marque l'opposition forte des conservateurs avant son élection en 1861. Il doit combattre contre l'expédition française de 1863 et s'opposer au régime de Maximilien d'Autriche de 1864 à 1867. Il est de nouveau élu président du Mexique à cette date jusqu'en 1872, à sa mort.

2. « Mascaral » : contrairement à la mention de Juárez qui renvoie à un épisode fondamental de l'histoire du Mexique, le colonel Mascaral est une invention d'Audiberti : il s'agit d'un jeu sur « Mascaral » (« mascarade ») et d'une création lexicale « Mascaralisme » (p. 120). Notons que « jolito », un peu plus loin, n'existe pas en espagnol et qu'il s'agit là encore d'une forme inventée par Audiberti, certainement sur le mot « joli » en français auquel il aura ajouté un diminutif en « to ».

Page 119.

1. « Patafioler » : maudire, punir. Audiberti utilise aussi ce verbe pour ses sonorités méridionales, procédé comique dont il avait déjà usé pour le gendarme.

Page 121.

1. « Chocolat, cigares, citrons, oreillers, couvertures » : vision charnelle et exotique du Mexique.

Page 122.

1. « Cette pierre ronde, transparente » : Audiberti ferait-il ici référence à la Pierre du soleil aussi appelée « calendrier aztèque » et conservée au musée national d'anthropologie de Mexico ? Cette pierre basaltique commémorative, constituée de huit cercles concentriques (dont le cercle extérieur représente deux serpents, tête baissée, en train de cracher) renferme de nombreuses références à la cosmogonie aztèque. Il est pourtant difficile de voir dans cette pierre mesurant 3,59 mètres de diamètre et pesant 25 tonnes la « pierre ronde, transparente » laissée par Quoat-Quoat au Mexique.

2. « Obsidienne » *:* il s'agit d'une roche de couleur variable (gris/noir, vert ou rouge sombre) produite par une éruption volcanique. Les aztèques utilisaient l'obsidienne pour fabriquer les pointes de leurs flèches.

Page 123.

1. « C'est une femme qui lui a donné un petit bout de terre, à Cortès » : il s'agit ici d'un renvoi à la figure mythique de La Malinche, la compagne indienne de Hernán Cortés dont le rôle dans la conquête du Mexique par les Espagnols fut prépondérant (voir la préface, p. 20).

Page 126.

1. « Fousille » : prononciation espagnole de « fusille ». (comme, plus loin, « fousiller » et « fousillade »).

Page 128.

1. « Oublie » : pain azyme (étymologiquement « offert à Dieu ») puis pâtisserie composée d'eau, de farine, d'œufs et de sucre (ou de miel) que l'on cuit comme une gaufre entre deux fers, l'oublie est une douceur populaire vendue par les oublieurs (définis en corporation au XIIIe siècle) ou les marchands d'oublies, souvent installés sur les grands boulevards de Paris.

Page 131.

1. *Sextant :* instrument de mesure maritime du ciel servant, grâce à son secteur gradué de 60° (d'où son nom renvoyant au sixième de la circonférence), à naviguer en mesurant la distance des astres sans que l'instabilité du bateau n'influe sur les calculs.

Page 133.

1. « Pantalonnade » *:* nom forgé sur le personnage comique de Pantalon de la Commedia dell'arte signifiant une pièce burlesque, une farce et, plus largement, un subterfuge.

Page 134.

1. Le « serpent » est devenu « serpent à plumes ». La pièce peut toucher à sa fin.
2. « Ruffian » : voyou, vaurien.

Page 135.

1. « Cela ferait un vide » : jeu de mots à prendre au sens propre et figuré.
2. Le duc de Morny (1811-1865), fils naturel de

Charles de Flahaut et d'Hortense de Beauharnais (reine de Hollande), petit-fils naturel de Talleyrand et demi-frère de Napoléon III, est un homme politique français (monarchie de Juillet, IIe République et Second Empire) et un financier qui a été, entre autres, député et ministre de l'Intérieur.

Page 137.

1. « Le coup de pied » de Proserpine ou de Cassiopée : « La Jument Proserpine » a été évoquée par le Gendarme, p. 113. Proserpine, rapidement assimilée à la Perséphone grecque, est à Rome la déesse des enfers. Cassiopée, mère d'Andromède, entre en compétition avec les Néréides (ou Héra, selon les traditions), lesquelles demandent à Poséidon de les venger en envoyant un monstre marin qui dévaste la contrée de Cassiopée. Pour apaiser le monstre, Andromède lui est livrée, mais Persée intervient et emporte avec lui la jeune fille alors que sa mère est transformée en constellation.

Page 139.

1. « Il s'appelait Baudelaire » : jeu d'intertextualité avec cette référence à Baudelaire et à son voyage vers les Indes qui prendra fin aux Mascareignes, c'est-à-dire à l'île Maurice et à la Réunion en 1841. De ce voyage forcé (c'est son beau-père, le général Aupick, qui est l'instigateur de ce voyage), naîtront entre autres les poèmes l'*Invitation au voyage*, *Le Voyage*, etc.

Page 141.

1. « Le souverain » : Napoléon III (né en 1808, mort en 1873 ; président de la seconde République de 1848 à 1852 et empereur des Français de 1852 à 1870) dont on voyait le portrait au début de la pièce (voir p. 45).

2. « *Le gendarme,... dansante* » : cette didascalie était

entre parenthèses et intégrée au corps du texte dans la version de 1945. De même pour les didascalies suivantes. On peut clairement observer ici le travail sur la mise en scène qui sépare l'édition de 1945 de celle de 1948 et qui invite à dramatiser davantage le texte.

Page 144.

1. Référence au « chocolat » qui renvoie vers le Mexique (le cacao était consommé par les nobles indiens du Mexique et de l'Amérique centrale avant que l'Europe, lors de la conquête du Mexique, ne le découvre et ne le mette à la mode avec Louis XIV) mais qui infantilise aussi Amédée assimilé à un enfant voulant une tasse de chocolat.

Page 146.

1. « Clématite » : plante grimpante nuisible aux arbres qu'elle envahit.

Page 148.

1. « Taraillette » : désigne en provençal des petites porcelaines utilisées par les fillettes pour jouer à la dînette.

Page 150.

1. « Bredouille » : en emploi substantival, nom d'une partie lorsque l'un des joueurs remporte tous les points sans que ses adversaires aient pu en gagner un seul.

2. Cette fin du tableau second rejoue la conclusion du tableau premier où le Capitaine demandait à Clarisse un baiser ; ici, c'est le même climat incestueux qui prévaut puisque Madame Batrilant qui infantilise Amédée l'invite à se déshabiller vite pour venir le border. Les doubles sens érotiques saturent là encore cette fin de tableau.

Page 157.

1. « Ah ! bon Dieu ! » : c'est sur cette dernière réplique que s'interrompt le texte de 1945, prolongé dans la version de 1948 par quatre répliques de plus.

RÉSUMÉ

> *Cela commence comme un roman de Jules Verne plagié par Tintin*[1].

Tableau premier

L'action se déroule à bord d'un paquebot second Empire qui effectue la traversée de l'Atlantique en direction du Mexique. Amédée, jeune archéologue, est à bord. Le capitaine du navire vient le voir pour s'enquérir de la bonne installation de ce passager de marque envoyé par le gouvernement de Napoléon III pour retrouver le trésor que l'empereur Maximilien aurait caché avant sa mort. Il lui donne alors lecture du règlement qui interdit à ceux qui sont chargés de missions officielles d'approcher les passagères du navire. Mais voici qu'arrive Clarisse, la fille du Capitaine, amie d'enfance d'Amédée. Elle fait elle aussi la traversée vers le Mexique, en compagnie de son père. Amédée, sous le charme de Clarisse, lui parle de sa fascination pour le Mexique et particulièrement pour le dieu Quoat-Quoat qui est pour lui

---

1. François Chalais, « *Quoat-Quoat*. Tintin chez les surréalistes » dans *France Soir* (30 septembre 1977).

« comme un soleil immobile oublié dans un lieu sauvage ». Mais voici le Capitaine de retour. Il rappelle que le règlement du navire interdit aux agents secrets de nouer avec des passagères des « relations qui pourraient être interprétées par le Capitaine comme susceptibles de compromettre la mission dudit individu ». Amédée doit être fusillé.

Tableau second

Amédée est placé sous la garde du Gendarme avec qui il joue aux cartes et échange propos métaphysiques, plaisanteries et même son propre rôle ! Entre alors une Mexicaine armée, fervente partisane de la révolution, œuvrant pour le compte du général Mascaral qu'elle idolâtre. Elle-même possède une obsidienne, la pierre toute-puissante de Quoat-Quoat, qu'elle offre à Amédée, pour qu'il prenne possession du navire. Mais Amédée refuse son aide et donne la pierre magique au Capitaine. Une deuxième femme surgit alors pour tenter de faire changer le cours du destin d'Amédée : Madame Batrilant, bordelaise et représentante en spiritueux. C'est elle qui est le véritable agent secret chargé de retrouver le trésor de l'Empereur Maximilien. Mais Amédée refuse de se soustraire au règlement et ce, malgré la volonté du Capitaine de l'épargner. Il quitte la scène pour rejoindre le lieu de son exécution après avoir enfermé le Capitaine et Madame Batrilant. Mais aussitôt, une salve meurtrière se fait entendre. Le Capitaine s'apprête à jeter la pierre magique de Quoat-Quoat, capable de tout anéantir. Un grand feu d'artifice se prépare : « Cramponnez-vous ! ! ! », lance le Capitaine.

Préface de Nelly Labère   7

QUOAT-QUOAT

Tableau premier   45
Tableau second   105

DOSSIER

Chronologie   161
Notice   167
Historique de la mise en scène   177
Bibliographie   184
Notes   188
Résumé   200

DU MÊME AUTEUR

Dans la même collection

LE MAL COURT. *Édition présentée et établie par Jeanyves Guérin.*

COLLECTION FOLIO THÉÂTRE

Dernières parutions

109. Victor HUGO : *Lucrèce Borgia*. Édition présentée et établie par Clélia Anfray.
110. Jean ANOUILH : *La Sauvage*. Édition présentée et établie par Bernard Beugnot.
111. Albert CAMUS : *Les Justes*. Édition présentée et établie par Pierre-Louis Rey.
112. Alfred de MUSSET : *Lorenzaccio*. Édition présentée et établie par Bertrand Marchal.
113. MARIVAUX : *Les Sincères* suivi de *Les Acteurs de bonne foi*. Édition présentée et établie par Henri Coulet.
114. Eugène IONESCO : *Jacques ou la Soumission* suivi de *L'avenir est dans les œufs*. Édition présentée et établie par Marie-Claude Hubert.
115. Marguerite DURAS : *Le Square*. Édition présentée et établie par Arnaud Rykner.
116. William SHAKESPEARE : *Le Marchand de Venise*. Édition de Gisèle Venet. Traduction de Jean-Michel Déprats. Édition bilingue.
117. Valère NOVARINA : *L'Acte inconnu*. Édition présentée et établie par Michel Corvin.
118. Pierre CORNEILLE : *Nicomède*. Édition présentée et établie par Jean Serroy.
119. Jean GENET : *Le Bagne*. Préface de Michel Corvin. Édition de Michel Corvin et Albert Dichy.
120. Eugène LABICHE : *Un chapeau de paille d'Italie*. Édition présentée et établie par Robert Abirached.
121. Eugène IONESCO : *Macbett*. Édition présentée et établie par Marie-Claude Hubert.
122. Victor HUGO : *Le Roi s'amuse*. Édition présentée et établie par Clélia Anfray.
123. Albert CAMUS : *Les Possédés* (adaptation du roman de Dostoïevski). Édition présentée et établie par Pierre-Louis Rey.

124. Jean ANOUILH : *Becket ou l'Honneur de Dieu*. Édition présentée et établie par Bernard Beugnot.
125. Alfred de MUSSET : *On ne badine pas avec l'amour*. Édition présentée et établie par Bertrand Marchal.
126. Alfred de MUSSET : *La Nuit vénitienne. Le Chandelier. Un caprice. Il faut qu'une porte soit ouverte ou fermée*. Édition présentée et établie par Frank Lestringant.
127. Jean GENET : *Splendid's* suivi de *«Elle»*. Édition présentée et établie par Michel Corvin.
128. Alfred de MUSSET : *Il ne faut jurer de rien* suivi de *On ne saurait penser à tout*. Édition présentée et établie par Sylvain Ledda.
129. Jean RACINE : *La Thébaïde ou les Frères ennemis*. Édition présentée et établie par Georges Forestier.
130. Georg BÜCHNER : *Woyzeck*. Édition de Patrice Pavis. Traduction de Philippe Ivernel et Patrice Pavis. Édition bilingue.
131. Paul CLAUDEL : *L'Échange*. Édition présentée et établie par Michel Lioure.
132. SOPHOCLE : *Antigone*. Préface de Jean-Louis Backès. Traduction de Jean Grosjean. Notes de Raphaël Dreyfus.
133. Antonin ARTAUD : *Les Cenci*. Édition présentée et établie par Michel Corvin.
134. Georges FEYDEAU : *La Dame de chez Maxim*. Édition présentée et établie par Michel Corvin.
135. LOPE DE VEGA : *Le Chien du jardinier*. Traduction et édition de Frédéric Serralta.
136. Arthur ADAMOV : *Le Ping-Pong*. Édition présentée et établie par Gilles Ernst.
137. Marguerite DURAS : *Des journées entières dans les arbres*. Édition présentée et établie par Arnaud Rykner.
138. Denis DIDEROT : *Est-il bon? Est-il méchant?*. Édition présentée et établie par Pierre Frantz.
139. Valère NOVARINA : *L'Opérette imaginaire*. Édition présentée et établie par Michel Corvin.
140. James JOYCE : *Exils*. Édition de Jean-Michel Rabaté. Traduction de Jean-Michel Déprats.

141. Georges FEYDEAU : *On purge Bébé!*. Édition présentée et établie par Michel Corvin.
142. Jean ANOUILH : *L'Invitation au château*. Édition présentée et établie par Bernard Beugnot.
143. Oscar WILDE : *L'Importance d'être constant*. Édition d'Alain Jumeau. Traduction de Jean-Michel Déprats.
144. Henrik IBSEN : *Une maison de poupée*. Édition et traduction de Régis Boyer.
145. Georges FEYDEAU : *Un fil à la patte*. Édition présentée et établie par Jean-Claude Yon.
146. Nicolas GOGOL : *Le Révizor*. Traduction d'André Barsacq. Édition de Michel Aucouturier.
147. MOLIÈRE : *George Dandin ou le Mari confondu* suivi de *La jalousie du Barbouillé*. Édition présentée et établie par Patrick Dandrey.
148. Albert CAMUS : *La Dévotion à la croix* (de Calderón). Edition présentée et établie par Jean Canavaggio.
149. Albert CAMUS : *Un cas intéressant* (d'après Dino Buzzati). Edition présentée et établie par Pierre-Louis Rey.
150. Victor HUGO : *Marie Tudor*. Edition présentée et établie par Clélia Anfray.

Composition Rosa Beaumont
Impression Maury Imprimeur
45330 Malesherbes
le 20 janvier 2014.
Dépôt légal : janvier 2014.
Numéro d'imprimeur : 187217.

ISBN 978-2-07-044209-6. / Imprimé en France.

180459